專為初學者設計的

股市
致富系統

整合價值與趨勢的
股票投資系統入門書

你知道一家很棒的公司，
可能多年股價不漲？

如何找到營運良好，
而股價將要起飛的公司？

**價值分析、趨勢分析、停利、停損、資金分配，
操作系統全面解析。**

第 3 章
用「價值投資法」選股

第 4 章
用「趨勢交易法」決定進出場時機

第 5 章
設定短線及長線投資組合

第 6 章
善用網上工具分析股票

融合「價值」與「趨勢」，
踏上股票投資更高層次！

股票市場會投射人性，不同資產的買賣交易，就像買賣雙方的無聲角力，都反映人類行為背後的心理。股票投資是一門結合心理、科學的學問，不僅僅是賺錢的方法而已。

筆者主編財經書籍已有一段日子，透過與讀者交流，得以了解他們需要一本怎樣的投資書籍，方便隨時翻閱。於是我動筆寫了這本適合投資新手學習，又能讓老手溫故知新的小書。

要成為成功的投資者，不需要每次買股都獲利，就算是股神巴菲特（Warren Buffett），他也無法做到；然而，若能讓你的投資組合「只賺不賠，報酬率贏過大盤」，讓你每晚睡得安心，這樣距離「成功」的境界就不遠了。

若要達到這個程度，必須掌握「價值投資」和「趨勢交易」兩個要點。雖然這兩大門派一直主導投資者的心態，但兩者絕非對立，也毋須爭論何者才是投資正法。倘若我們能抽取各自的精髓，取長補短，混合使用於實戰之中，相信可讓自己的投資功力更加強大，增加獲利的機會，減少虧損與時間成本。

以下是每部分的核心主題：

第1章：股票投資的基礎知識

投資的程序非常重要，第一步必須建立一個適合自己的獲利模式，朝著目標進行系統化操盤，同時了解容易犯的錯誤，避免陷入交易心理的陷阱。另一方面，資金是投資的彈藥，絕對要謹慎分配，持股水位的控制十分重要。除了要建立個人投資組合，買進後更要設定好停損與停利點，在適當時候離場。

第2章：交易心理與常見謬誤

想靈活運用招式，要先懂基礎心法。很多投資人一開始只想知道如何選股或何時買賣，最終卻未能成功獲利，主因是缺乏實戰與心態調整。所謂「大道至簡」，認識交易心理，是學投資的第一步，也是最重要的一步；萬一「被套牢」，也要想好應對措施，耐心和冷靜，缺一不可。

第3章：用「價值投資法」選股

巴菲特的投資核心理念在於長期持有，但這種心理質素須視每個投資人的性格及經驗而定，不是靠努力就能做到。要貫徹價值投資精神的第一步，當然是打好基礎，找出值得投資的好企業。最客觀的做法，是利用企業特質、財報數據做基本分析，而本章會講解不同情況下的常用和特殊指標，從實務操作的角度，說明價值投資的精神。

第4章：用「趨勢交易法」決定進出場時機

　　除了利用基本分析技巧找出好股票，投資者也要看懂趨勢，在正確的時間點買賣，這主要有「順勢買賣」及「撈底搶反彈」兩種方法。由於可應用的技術分析工具眾多，本篇會集中介紹多種好用的「組合技」，讓你提高低買高賣的命中率。另外，也會說明主力如何利用趨勢假象，吸引散戶走入陷阱。喜愛買低價股的投資者，必須好好閱讀，減少中招的機會。

第5章：設定短線及長線投資組合

　　無論是價值投資或是趨勢交易，兩者皆可當成選股的切入點。但要將兩項技能融合應用於實戰時，關鍵在於「時空布局」。必須根據市況制訂攻守兼備的短線及長線投資組合。最重要的第一步是搞清楚手上持股扮演的角色，例如：哪些是長線持有的「收息股」、哪些是短線持有的「飆股」、哪些是長線和短線都適合持有的「政策股」。

第6章：善用網上工具分析股票

　　這部分會手把手地教你如何利用網上的免費資源，查詢個股的基本資料、同業數據比較，及利用技術工具進行科學分析。投資者絕不能單靠閱讀媒體或專家推薦買股，一定要自己發掘有用的資訊，從基本面、技術面及消息面做出全面解讀，這樣才能將學到的財經知識，應用至實戰之中，幫你輕鬆獲利。

　　股票投資博大精深，如果說只讀通一本書，就可以賺大錢，根本是天方夜譚。因此，本書的目標非常明確，就是扼要分享最實用、最易懂的投資技巧，讓讀者能有系統地學習，全面提升操盤勝算。無論你是新手上路或是股市老手，相信都能從中找到值得參考的地方。

想突破界限，須帶點狂想

　　主編財經書出身的我策劃過逾 70 本書，當中有不少作品都是暢銷書，並獲得不同類型的暢銷及品牌獎項。出版或撰寫每本書之前，我都會評估中港台三地出版的財經書作市場，希望貼近讀者的需要，幫助他們吸收實用易懂的財經知識。我會將內容編排得「常青化」，使讀者買了書後，可以不斷重溫，做到歷久常新。而大家手上這本書，當然都具備以上特點。

不停嘗試，不停超越

　　很多時候，我們會被自己定義的「界限」和「舒適圈」牽制，若沒有跨出去的決心，眼界就只能永遠停留在此。經過多年出版編輯工作的浸淫，我開始做出更多跨界嘗試，包括成為書籍作者、成為專欄作家、定期分享股市投資心得、以獨立出版人身分推出新概念圖書系列；以及主持投資教學短片、辦講座，推廣入門財經知識等……

　　由幕後走到前線，要在短時間內實現這些計畫，看似有點狂想，但每個嶄新的開始，最終都為我帶來了超乎預期的收穫。

　　每個人對生命的追尋都不同，有人追求名，有人追求利，有人追求理想。無論是哪種目標，追尋的路途不免都會遇到波折。尤其是當身陷險境，依然能夠承受孤獨，堅持走下去，最後證明自己才是正確的，我想，能達到這種「別人笑我太瘋癲，我笑他人看不穿」的境界，也算得上是一種成功。

　　股市如人，表裡可以不一，就像市場幾千檔股票中，總有一些弱勢股必須避開，就像現實生活要小心偽善者一樣。除非你自認直覺高超，可以一眼看穿人事物的本質，並立刻做出正確反應，否則務必細心觀察、掌握各方面的資訊，從各項細節中重組脈絡，才能看清真實面貌。

　　任何人都只能以「有限」的知識，判斷「最大可能」的動向，而準確度的高低，則視掌握的資訊與技術而定。時間是證明真偽的利器，無論表象如何包裝，總有一天，都會長出真相的果實，這點跟價值投資的理念有異曲同工之妙。

　　無論你是不是積極的投資人，都需要對股票投資有一定認識，因為這門知識不是純粹的金錢遊戲，而是結合了科學、心理和靈感的學問。希望透過我的文字、經驗和知識，能夠在適當的時候，為你的投資帶來幫助，這就是我撰寫財經書的最大願望。

建立嚴謹的思考模式

投資需要嚴謹的邏輯思維，最後介紹一個我最愛的「BARA」思考模式，是指：相信（Believe）→假設（Assume）→重建（Rebuild）→發展（Advance）的過程：

• 相信（Believe）

當我們提出某個論點時，一開始總是基於某些既有的信念和觀念，從對某些人事物的原始理解出發，包括一些很片面感覺、直覺及經驗等。

• 假設（Assume）

但「眼見未必為真」，真相總易被幻象蒙蔽。同樣的，既有的信念在現實中也未必適用，不同場合可能會出現不同情況，就如水在常溫是液態，但在攝氏 0 度以下是固態。如果硬要將同一信念放到任何場合都適用，那麼推導出的論點，很可能是錯的。所以必須制訂一些合理假設，質疑我們的信念是否正確。

- **重建（Rebuild）**

  透過不同的假設進行各種觀察和推敲後，發現原始信念與現實情況有所出入的話，這時候，就必須根據真實畫面，重建、調整信念，轉變的過程可能會很痛苦，但這是「斷捨離」的重要一步。

- **發展（Advance）**

  調整過後，就可進一步將全新的觀念套用及延伸，把原來的論點勾勒至更貼近現實的畫面，並做出更宏觀、更準確的判斷，從而更精確地事先布局。

  以上的思考模式，無論在股票投資、人際關係或生活中，都能帶來一定的助益，大家不妨試試，將其靈活運用於人生。

  陳卓賢（Michael）

常用股市術語

術語	說明
股票	有價證券的一種,是公司為籌集資金而發行給股東的持股憑證。股東會不定期獲得股息,分享公司收益,不過也要共同承擔風險
普通股	股票有普通股與優先股之分,普通股屬於公司最基本的股份。
特別股	特別股股東通常沒有投票權,不能對公司議案提出表決,卻能夠優先獲得股息分配,及在公司破產或清算時獲得分配剩餘資產的權利。
建倉	買入股票。
平倉	指持有空頭部位的投資人,買進等量的契約以離開市場;持有多頭部位的投資人,賣出等量的契約以離開市場。
空倉	把所有股票都賣出。
持倉	繼續持有股票。
權值股	即當地股市的指數成份股,台灣就是加權指數成份股,多數都是市場認同度高的大公司。
紅籌股	指在中國以外的地方註冊、但帶有濃厚中國概念的公司,股票在香港上市。
現金增資	是公司在股票市場集資的方式之一,透過發行新增股票,按指定價格售予現有的股東,公司從而獲得資金。
私募	指公司或大股東透過投資銀行代理,物色有意接手該公司股份的投資者,一口氣向其賣出一定比例的股份。

常用股市術語

術語	說明
股票股利	將新的股票直接發給股東，但會稀釋每股盈餘，甚至股價。
股票分割	增加原有股票的數量，每股的股價會因而減少，使總資本額不變。分割的目的是讓股票的流通量增加，而且每股股價降低，讓更多散戶有能力買入。此為港股之制度。
股票反分割	股票數量太多，會增加行政開支，因此要合併股票數目，股價會因此上升。此為港股之制度。
股息	公司把部分收益發給股東，做為股東投資公司的報酬。
除息	當公司宣布發放現金股利或股票股利後，在除息日的前一日持有該公司股票，就可獲得股利。
每股盈餘	為該公司當年度之淨利，除以發行總股數；數值愈高，代表公司的獲利能力愈強。
每股淨值	即每張股票的帳面價值。通常是以公司資產減去負債後，剩下的數值，再除以發行總股數。
散戶	無能力炒作股票，買賣數量不大，無組織的普通投資者。
主力／大戶	有能力在股市大額進出，對股價造成重大影響的人。
多頭	看好市場趨勢的投資者。
空頭	看淡市場趨勢的投資者。
開盤價	當天的第一筆成交價格。

術 語	說 明
收盤價	當天最後一筆成交價格。
最高價	當天的最高成交價格。
最低價	當天的最低成交價格。
成交量	股票在交易日成交的張數。
成交金額	股票在交易日成交的金額。
反彈	當股價大幅下跌後，供需出現調整的現象，讓股價暫時回升。
反轉	股價不會永遠朝單一方向走，有時會往反方向移動。
支撐	一檔股票有在某個價格有大量的買盤，可以抵擋股價的下滑趨勢，甚至可能扭轉趨勢，讓股價反彈。
壓力	一檔股票有在某個價格有大量的賣盤，會使股價的上漲受到阻力，甚至可能扭轉趨勢，讓股價下跌。
套牢	即買入股票後，股價下跌，卻不甘賠錢賣出，結果資金被卡住，無法動用。
解套	股票被套牢後，等待股價回升至原來買進價位。

資料來源：作者整理

1

投資股票的
基礎知識

〚 1-1 投資為何需要分析？〛

　　股票的價值來自該企業的經營狀況，所以要估計它的價值，不是像賭博靠運氣，而是要評估及分析公司的實力，從而進行投資決定。

　　分析是科學化的，是知識性的內容。股票可以從經濟、政治、財務、市場、科技等方面分析，從中取得很多有用的資訊，整理資料再做更精確的分析，並透過邏輯推理求得答案，這些都是賭博不會用到的東西。換個角度看，沒有分析而去投資股票，基本上與賭博無異。

你是投資，還是賭博？

　　「從眾心理」是賭博心態的一種，不少投資人都願意買進一檔大家看好的股票，但卻完全不了解這檔股票。即使之後股價下跌，但因為多數人一起做錯了，所以自己錯了也覺得沒什麼大不了——這種為增加安全感而放棄個人分析，而採取大眾主流傾向的行動，往往是投資失利的主因。

　　投資和賭博的另一個不同之處，在於買入股票後，只要該公司沒有倒閉，你買入的股票就保有一定價值，無論股價漲跌，賣出後尚可收回一定的資金，而賭博則是完全靠運氣，輸光就沒了。

　　如果把投資視為賭博，就不會重視最基本的基本分析，只是把希望寄託在運氣的好壞，自然毫無勝算。其實股市是有規則的，只要經過系統化分析，至少可以找到較為接近真相的答案。沒有人可以保證某檔股票會漲或跌，但正確的分析方法和心態，是成功投資者的必經之路。

　　綜合而言，投資分析就是投資人對股票市場資訊進行蒐集、整理、整合等工作，從而預測股價的走勢，做出相應的投資策略（包括長線及短線）。以下簡單說明投資需要分析的理由和好處：

1. 降低風險：

股票屬於風險性資產，所以投資者應以降低風險和獲取最大收益為最終目標。認真進行股票投資分析，預見可能發生的風險，從而避開隱藏的陷阱，讓投資更安全。

2. 掌握時機：

我們經常聽到，「長線投資者注重基本分析，短線投資者則注重技術分析」，但無論是何者，前提都是看準了時機才去投資。而時機的把握需要投資人整合自己的知識、理論、技術及方法，做出科學化的決策，才能尋找出適合的股票，在適合的時機進行買賣。

3. 個人能力有限：

即使已做好投資分析，投資人仍會受到資訊不足、分析工具不全、個人分析能力有限等限制，所以還要多參考外界分析，做出正確的判斷。

由於分析的過程相當複雜，考慮問題時要從全局出發，第一步就是對宏觀經濟運作，包括國家生產、國民生活、貨幣流通等做詳細分析，判斷在大環境的趨勢下，各行各業的經濟活動有何影響。

接著，要對企業進行研究，由於每個企業都有其特性，要了解它們，就應從其財務狀況開始，綜合評估它的資本情況、技術能力、獲利多寡、償債能力、成長潛力等，才能對該企業的股票做出充分的評價。

4. 市場變幻無常：

股票市場做為經濟狀況的整體表現，它的結果可能與基本分析的結果一致，也可能完全相反，例如某一個股市的經濟狀況和國民經濟現狀都很好，但某個行業的股票卻很低迷。由於股票市場都有自己的喜惡，有些投資者偏愛某些行業，不願意投資另一個行業，這種情況可能會導致市場趨勢與宏觀經濟背道而馳。當然，這多數是短期現象，但投資者也不應忽視可能產生的損失。

股票市場變化無常，投資人的心態和操作方法都會引起股市波動，有些股票的波動比大盤大一點，有些少一點，有些同步，有些不同步；但股市做為一個整體，對每種股票都有影響力。因此，必須把個別股票的預測與整個大盤的預測連結，互相對照，以提高股價預測的準確性。

〚 1-2 買股前要先了解自己的性格 〛

有些投資人埋怨自己買錯股票，是因為相信營業員或朋友的建議，說一定賺，於是就重押。後來才發現，這些股票的漲跌幅極大，風險極高，自己事前從來沒想過。當股價一路狂跌，自然壓力極大。

每個人的性格都不同，股票也一樣，有各自的股性。在股票市場內，有優質股、有劣質股、有穩定股、有狂升暴跌股、有長期上升股、有長期下跌股、有高息股、有無息股、有成長股……。必須慎重選出適合自己性格的股票，考慮什麼股票可以買，什麼不該買。以下就來看看你是哪一種性格的投資人。

表 1-2-1　你是哪種性格的投資人？

性格	特徵	建議
積極型	1. 喜歡冒險，傾向買賣概念股、中小型股，而對波動低的權值股沒多大興趣。 2. 喜歡短線操作。 3. 喜歡到處打探消息，買進小道消息推薦股，卻完全不懂該檔股票，只希望透過內幕消息大賺一筆。	1. 不要將所有資金都用來炒短。 2. 將部分資金做較穩當的投資，例如買一些權值股。
保守型	1. 不敢短線炒作。 2. 會買入優質股票長線投資。 3. 不買來歷不明的股票。	1. 不宜大額買入波動太大的中小型股，因為可能會承受不住巨大波動，而做錯買賣決定。 2. 不要因一時耳根子軟，而隨便聽信他人的消息和建議。

資料來源：作者整理

［1-3 如何建立有系統的獲利模式？］

　　股票投資和做生意一樣，你就是老闆，手上的資金如何分配，什麼時間做什麼決定最好，具體的每一步該怎麼做，都要事先想好。把這概念放在股票上，代表你要設計一套交易系統，才能創造成功的獲利模式，大致流程如下：

圖 1-3-1　建立自己的交易系統

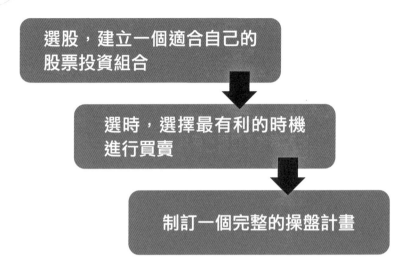

選股，建立一個適合自己的
股票投資組合

選時，選擇最有利的時機
進行買賣

制訂一個完整的操盤計畫

資料來源：作者整理

1. 選股，建立一個適合自己的股票投資組合：

　　你不可能追蹤所有股票，所以第一步就要從自己熟悉的領域開始，仔細閱讀每家公司的財報和其他公開資訊，從中選出優質股，持續追蹤，並在適當時機採取行動。如果你每天只關注 5 至 10 檔股票，精力就會更加集中，操作成功的機率就會大增。

　　選股時要考慮的條件如下：

表 1-3-2 選股必須考慮的條件

條件	原因
季度與年度每股盈餘是否大幅成長？	公司成長性是股價上漲的主要推動力。不過在留意每股盈餘這項數據時，要特別注意： 1. 剔除非經營所得 2. 觀察成長是否持續 3. 營收是否跟著成長 4. 成長率是否放緩
年度每股收益是否大幅成長？	連續多年業績都穩定成長 50%以上的公司，最有可能成為成長股。但其收益必須是基本面的關係，而不是非經常收益所得。要特別留意的是，本益比（PE）低不一定有投資價值，業績預期大幅成長，才是股價上漲的動力。
有無正面轉機？	如新產品上市、新管理層上任、增加新的生產能力等，都可能帶來好的投資機會，所以要密切關注行業變化和個股的公開消息。
股票成交量大小	相同的條件下，成交量小的股票漲幅可能會大一點。

資料來源：作者整理

2. 選時，選擇最有利的時機買賣：

即使每天都閱讀很多財報、財經新聞、蒐集各種消息，終於找到幾檔優質股票；但買入以後，股價卻連連下跌，結果只好忍痛離場。你或許會懷疑是否用錯了選股方法，不過可能只是時機不對罷了。以下提供一些投資時機供讀者參考：

表 1-3-3　何時是好的買賣時機？

時機	原因
大盤大跌後	市場是有周期性的，漲多了就會跌，跌多了就會漲，所以當大盤下挫時，最好不要買進股票。而當大盤止穩並重新上漲時，就是最好的買進的時機。例如，當大盤指數突破 50 日平均線後，可試單小買，如果能站穩並持續上揚，則可加碼。
財報發布前（包括年報、季報、月報）	在大盤走穩的前提下，業績有良好預期的個股，在財報發布前的 2 至 5 周，通常就會開始上漲，這時候可提早建倉，並在報告發布前幾天漲勢減緩或開始下跌時出貨。
跟上主流族群股	大盤每一輪上漲都會由主流族群帶動，當大盤強勢時，買主流股的機會多一些；大盤弱勢時，大多數主流股就不具有持續性，這時就須謹慎了。
利多消息發布	如果事前有傳言，消息出來前股價必定已有一段漲幅，代表股價可能已經反映此利多消息，這時可能是一個賣出股票的好時機。

資料來源：作者整理

3. **制訂一個完整的操盤計畫：**一個良好的計畫能記錄你買股票的想法，可以幫助你控制情緒，記錄思考過程，總結經驗和教訓。以下是一些常用的操盤方法：

表 1-3-4：常用操盤方法

方法	細節
留意報告及新聞	如果出現一些對公司前景看好的消息，例如：大幅成長的獲利報告、基本面出現正面變化、季度結算前的敏感時間，都要考慮是否為入市時機。
技術趨勢	這是建倉最直接的參考指標，不管基本面有多好，或者出現利多，如果股價的技術面處於劣勢，都一定要賣出，不宜持有。關於技術分析的內容，本書後半部分會有比較詳細的介紹，以下介紹一些常用的買進訊號： 1. 成交量激增，例如近日的成交量超出平時的一倍以上 2. 周線圖呈現上升趨勢 3. 10 日、20 日、50 日平均線同時呈上升趨勢 4. 股價突破技術型態的頸線位置 5. MACD、RSI 同時出現買入訊號
預測獲利	當股價如你預期出現大幅上漲，你必須在某個價位獲利了結，例如在發出營收報告前的 1 至 2 天，或價差達到 15％至 20％時。
計算獲利風險比率	根據你的預期獲利與你可能的最大損失，可得出一個收益風險比率。如果比率小於 3:1，必須尋找更好的投資目標；如果比率大於 3:1，按計畫操作的成功率會較高。
按計畫操作	如實記錄你的建倉時間、價位、數量，是否需要加碼，以及停損、停利的價位，只要按計畫操作，就可以放膽交易了。

資料來源：作者整理

人們常誤解投資高手都是每戰必勝，每次買賣都能夠獲利，但這在現實中不可能發生。那麼高手是如何獲利呢？以華爾街的頂尖操盤手為例，他們平均的虧損都很有限，最多 7％，而他們每次的獲利率都在 20％至 30％，所以總收益仍相當可觀。

正如金融巨鱷索羅斯所言：「讓你的虧損減少，讓你的獲利奔跑。」這就是在股市獲得穩定收益的方法。如果你也照著以上的模式操作，發現看錯時堅持停損，看對了就牢牢抱穩，並在獲利豐厚時賣出，相信你也能成為投資高手。

從現在開始，請丟掉手中的弱勢股，改掉打聽內幕消息買賣股票的習慣；只買基本面好的股票，買入有技術面支持的股票，設立停損及停利價位，做一個詳細的計畫，每次都總結經驗和教訓。只要堅持下去，你就會建立出一套有效的獲利模式。

〖 1-4 常用操盤技巧有哪幾種？ 〗

所謂「操盤」，是指在股票買賣中，透過資金進出的表現和大盤的環境，來判斷股價的發展趨勢，按計畫做出買進和賣出的決策。常見的操作技巧有以下 5 種：

1. 順勢投資法

即當股市走強時入市，走勢轉弱時就賣股。但要注意的是，順勢投資者需要時刻留意股價的漲跌，萬一轉折出現，就必須進行反向操作，在高峰時出貨，低谷時買進，這樣才可以持續獲利。要掌握趨勢，知道何時是高點或谷底，需要一定的技術配套，這會在往後的文章介紹。

2. 分批買入法

分批買入法是一種保險的操盤法，萬一買入股票後股價持續下跌，那就在跌到某個價位後再買進一批，這樣就會降低持有成本，之後只要有一

兩次上漲，就不至於全軍覆沒。

通常會將資金平分成 3 份，第一次買進只用 1/3，若股價上漲，可以獲利；如果股價下跌，則第二次買入，仍只用資金的 1/3，如果股價漲到首次買入的價位時，便可獲利。若第二次買入後仍然下跌，那麼第三次再買，用去最後的 1/3 資金。一般情況下，第三次買進後，股價很可能會上漲，所以投資人要耐心等待回升。

3. 保本投資法

所謂保本，即保住現有的本金或部分投資金額（如 60％）。操作的方向有兩種：

- **股市上漲時設停利點**：獲利的目標不能訂太高，以免承擔過高的風險。例如你的投資金額為 5,000 元，並設定投資金額的 60％，即 3,000 元，為需要保住的「本」。當持有股票漲至市價達 7,500 元時，如果你認為未來股價即使跌，也不會讓你原來投資額跌至 500 元以下的話，那麼你就應先賣出 2,500 元，這 2,500 元加上你認為有保障的 500 元，即 3,000 元，代表保住你設定的「本」了。剩下的股票，仍可再保本而訂出獲利賣出點，比例的多少全由你決定。

- **股市下跌時設停損點**：繼續以上例子，如果你設定停損點為最初投資額的 80％，當股票的市價跌至 4,000 元就要賣出，以避免更大損失，一切以保本為重。

4. 回補投資法

這是降低成本、保存實力的操盤方式之一，方法是於股價上漲時先賣出持有的股票，待下跌後再買回的技巧。好處是於短時間內賺差價，讓投資者的資金逐步累積。回補投資法的操作方向有兩種：一是行情看漲時賣出，回落時補進；二是預判行情看跌時賣出，待跌後買進。

5. 反向操作法

由於投資買賣是基於群眾的行為，相反理論則指出不論股市及期貨市場，當所有人都看好時，就是牛市開始到頂；當人人看淡時，就是熊市見底。只要和群眾持相反意見的話，就會有致富的機會。

但應用這理論前，要先確定大勢環境並無特別事件影響，當市場人氣旺、外界一致看好時，果斷出貨；當市場人氣弱、外界一致看淡時，果斷買進，且愈漲愈賣，愈跌愈買。當然，亦要結合基本條件，例如當股市長期低迷，成交量開始放大時，你只能追漲；市況長期高漲，成交量卻開始下跌時，你就要賣出了。

〔1-5 慎防4種不良的買股習慣〕

無論你是新手或老手，都要提醒自己，避免以下4種錯誤的買股習慣：

1. 買不熟悉的股票

在選股或準備換股的過程中，很多投資者不是在自己熟悉或曾買賣過的股票中選擇，而是尋找完全陌生的股票。這種做法會付出不小的代價，因為投資人無法摸透陌生股中主力與大戶的操盤手法，當然容易誤踏主力的陷阱，做錯買賣決定。

如果你堅持要買入陌生股，建議先花至少半個月分析基本資料，以及該股與和大盤的互動關係。掌握這些訊息後，相信能把風險大大減少。

選擇陌生股的投資人最缺乏的就是耐性，他們往往是中短期的炒作，

不願意長期持有該股，所以多數人的報酬率都不高。

2. 過度頻繁換股

投資人最常犯的錯誤就是，買入一檔股票不久後就感到不滿意，於是輕易換股，過去所做的投資分析完全作廢。這種做法不但會大幅降低投資的成功率，萬一失手，甚至會重挫投資者的信心。

事實上，任何股票都是機會，除非你已確定該股已開始走入長期下降趨勢，否則股價的下跌，或許只是為了將來的上漲而累積能量，這時候保持耐心更加重要。

3. 選擇太多股票

要認真研究一檔股票，往往要花費很多精神和時間，更別說你要持有 10 檔股票了。加上每檔股票的走勢各異，有的大漲，有的急跌，更多的是平平無奇，種種變化都衝擊著投資者的腦神經，時間一久，會愈來愈無所適從。

如果選擇的股票太多，會讓你的注意力無法集中，結果錯過了買賣時機。因此我建議投資人關注 3 到 4 檔股票就足夠了。正如巴菲特所言，除了只投資自己熟悉和信賴的公司，「一個成功的投資者，一生不必做許多投資決定，只要做對幾次就夠了。」

4. 輕信財經名嘴推薦

由於資訊不足和分析能力有限，當投資人自然希望從外借助力量，給自己一些提示，便開始尋找財經名嘴推薦了。

無可否認，財經名嘴必定有其專業素養及分析能力，但如果過分迷信他們推薦的股票及後市預測，萬一他們判斷錯誤，投資人可能敗北收場。

財經名嘴也是人，也會犯錯，最常見的有以下 2 種：

❶ 比較短視，喜歡追漲，尤其是強勢股。這些股票的股價可能早已漲了多日，大戶可能隨時出貨，如果這時跟風搶進，可能只會落得「接刀」的結果。

❷ 他們的評論觀點在各大媒體發表，必然會引起主力的注意，有時候主力會故意反向操盤，製造陷阱，造成股價波動，缺乏分析能力的投資者容易上當，進退兩難。

　　身為一個理性的投資者，應堅持自己的投資立場，對股市的變化有獨立的分析和判斷，而不是盲目聽信他人。明智的做法是，對財經名嘴的言論持開放的態度，當成參考就好了。

〚 1-6 資金管理是成功的關鍵 〛

　　股票投資有如「吃火鍋」，在掌握「選股」和「選時」等技巧（材料）之前，必先懂得如何運用手上的資金（鍋），才能有效提高投資績效。而第一步就是建立正確的資金管理模式。

　　「想成為成功的投資者，要先保全自己的資金，賺錢就是水到渠成的事！」這是投資大師們的共識，保存實力是在股市生存的最大關鍵。無論是新手或是經驗豐富的交易者，若能在資金管理方面謹慎操作：出現虧損時及早停損；獲取利潤後適時停利，你已離成功不遠了。

　　多數的贏家虧損的次數都會多過賺錢的次數，但最後結果仍是獲利的，原因就是他們做好了資金管理。那什麼才是成功的資金管理？以下舉簡單例子說明：

假如你參加一個遊戲，每局的成本是 10 元，你一共可玩 10 局。如果遊戲 A 的獲勝機率是 60%，遊戲 B 的獲勝機率是 40%，你會選擇玩哪一個？相信大部分人都會選擇玩遊戲 A。但如果再補充一個條件：每贏一次可得到多少錢？

如果遊戲 A 贏一次可獲利 15 元，遊戲 B 贏一次可獲利 30 元。結果 10 局之後，你可能在遊戲 A 輸掉 10 元，而在遊戲 B 獲利 20 元——這就是資金管理的重要概念：勝率高未必賺，勝率低未必虧。

資金管理主要分 3 個部分：

1. 控制持股水位

理論上，買股資金會限制在所有資金的 30%~50%，但萬一把這 50% 都賠掉了，接下來該怎麼辦？是用剩下的 50% 資金，把損失賺回來？還是用剩餘資金的 50%（即原本資金的 25%）再投資？這些都是必須面對的問題。

2. 風險控制

要在適當的時機做出「停損」和「停利」的決策。尤其做錯方向時要及時退出，避免虧損進一步擴大。沒設好停損點就去買股，無疑是一點一滴燒光資金。

3. 投資組合

不把雞蛋放進同一個籃子，以分散風險，但愈分散，投資組合就愈好嗎？個人認為，最重要是根據自身性格，做出適當選擇，就是最佳的投資組合了。

〖 1-7 如何控制持股水位？ 〗

　　持股水位主要是考慮賣出、持有到加碼的比例控制，根據投資人可承受的風險和交易成功率而定，沒有絕對標準，但每次買股時，投入不超過總資金的 30％。實際交易時，必須考慮：

1.定期檢查持股水位是否適當：

　　如果發現自己精神緊張，不時都要查看股價，可能就是水位太高，造成心理壓力，這時減碼為宜。

2.分批動用資金：

　　降低每次交易的風險，如果需要加碼，最好在首批投資已獲利的前提下進行。

3.設定最大下單額度：

　　在不同的市況下，要調整每次投入的金額，即使對市況或某一檔股票充滿信心，也不要急功近利重押，萬一出現狀況，往往無法挽救。

　　每次出手都能獲利只有神才能辦到，不是凡人可及，而對一般投資者來說，成功交易中最重要、最實際的因素，並不是獲利機率的高低，而是控制持股水位。以下介紹 3 種常見的加碼手法：

1.均勻式加碼

　　把資金平均分成 3 到 5 份，即每次都投入 20％ 到 30％ 的資金，分散至投資組合中不同產品，在虧損後減碼，在獲利時加碼。

2. 正金字塔式加碼

　　每次加碼都比前一次少一半（比例因人而異），例如買入 100 張後，首次加碼 50 張，第二次加碼 25 張，以此類推。

圖 1-7-1　正金字塔式加碼

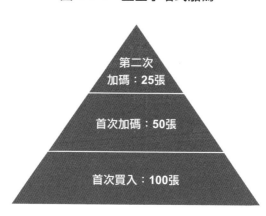

3. 倒金字塔式加碼

　　每次加碼都比前一次多一倍（比例因人而異），例如買入 30 張後，第一次加碼 60 張，第二次加碼 120 張，以此類推。

圖 1-7-2　倒金字塔式加碼

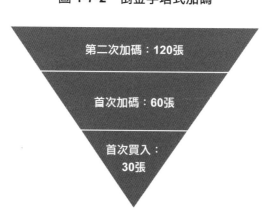

概括而論，如果買入後股價節節上揚，3 種手法所獲取的利潤幅度比較：

倒金字塔式加碼 > 均勻式加碼 > 正金字塔式

但如果股價的走勢反覆，先漲後跌，那麼 3 種手法的獲利情況多數會逆轉：

正金字塔式 > 均勻式加碼 > 倒金字塔式加碼

即使做好每次交易金額的限制，你仍無法 100％預測下次的交易究竟是獲利還是虧損。從下表可以清楚看到，無論你的投資分析多麼優異，如果沒有管理好持股水位，虧損的機率仍然很高：

表 1-7-3　虧損與翻本比例對照

虧損比例（％）	翻本需要獲利比例（％）
5	5.26
10	11.11
20	25.00
30	42.86
40	66.67
50	100.00
60	150.00
70	233.33
80	400.00
90	900.00

資料來源：作者整理

每次虧損後，翻本需要獲利的比例會愈來愈大，當你虧損達到 60％時，你就需要獲利 150％（不含手續費），這種績效對交易高手來說都很難達到。

〔 1-8 如何設定停損點？〕

買入股票後，不是就放著等它上漲，仍要持續分析和研究股票的基本面，一旦出現營運轉差或突發性事件，股價跌幅過大，就要懂得及時停損。

停損的目的是停止帳面損失，是當自己的判斷跟市場走勢相反時，採取的保險措施。主流的做法是「定額停損法」，即設定買入價下跌 3 ％至5％為停損點（視個人可承受風險程度而定，沒有絕對），或投入的資金虧損 5％至 15％為停損時機，是固定的數值。

另一種常用的是「平衡點停損法」，適合投資新手，而操作短線的投資者也常使用，方法如下：

表 1-8-1　平衡點停損法

步驟	說明
1	買進後根據個人資金損失承受力，或股價的支撐與壓力點位，設立你的原始停損點。根據不同市況，原始停損點可能會與你買進價格有 5%至 8%的差距。
2	當市價向你期望的方向移動後，應盡快把你的停損點移至你的買進價格，這是你損益平衡的位置，即平衡停損點。這代表你已有效建立了一個「零風險」的交易系統。
3	你可以在任何時候實現你的部分或全部獲利；即使你必須在停損點離場，都不會有損失，最多只是虧了交易手續費。

資料來源：作者整理

「平衡點停損法」的目標，是讓你交易「不賠錢」，而不是如何獲利。如果你每次都能把損失降至最低，你離成功已經不遠了。此外，平衡點停損有助把你的心態調整至理想狀態。股票交易是一種心理遊戲，投資者容易被恐懼和貪婪左右，影響客觀判斷，這方法可以讓你做好心理上的平衡，因為你了解如何不虧錢，已經找到一個最好的離場位置。

設定平衡點停損是為了最壞的打算，如果買入後股價持續上升，且漲幅已經遠離了平衡點，那麼就要上調你的停損點了。例如以 10 元買入，股價漲到 11 元的時候，你設定平衡點停損點應為 10 元；當股價漲至 15 元的時候，你應該要上調你的停損點至 12 到 13 元。如何調節取決於市場的波動性、你的交易區間（時間愈長，停損價應愈高）、支撐點位（如果股價附近有重要支撐點位，可以考慮在支撐下面一點的價位設停損點），然後尋找合適的目標價套現。

運用技術指標如移動平均線、MACD 和 RSI，或 K 線形態中的壓力線，都能找出股價的合理離場點，這會在本書的後半部介紹。總之，停損是風險控制的必要手段，技巧都需要靠經驗累積，找到合理的停損區間。適當的停損，是讓交易系統搭配有效的風險管理，就像給跑車安裝一個好的煞車系統，讓投資過程更安心。

對大部分投資者來說，停損是很難的抉擇，最大原因是對「沉沒成本」的考慮。當人決定是否去做一件事情時，不僅是看這件事對自己有沒有好處，更會看自己過去是否在這件事上有過投入。這些已經無法收回的支出，如投注在股票上的時間、金錢、精力稱為「沉沒成本」。而放不下「沉沒成本」的執著，就是停損的心理關卡。

身為一個理性的投資人，不該考慮「沉沒成本」，而是要果斷離場，才能展開投資人生的新頁。

〚 1-9 如何設定停利點？ 〛

如果說停損是對恐懼的中止，那麼停利就是對貪婪的中止。事實上，大部分投資者都不會為停損和停利做準備，有部分投資人甚至覺得，停利是違反人性的行為——怎會有人想少賺了？欲望是無窮無盡的，停利的藝術可說是通往人性奧秘的重要關口。

莫非定律（Murphy's Law）認為：如果某件事可能變壞，那麼這可能性將成為現實。即使持有的股票氣勢大好，但股價不可能永遠往上漲，總會有下跌的可能，停利的目就是要獲利了結，見好就收，不要期待賺到最多。投資者通常可採取兩種方法設定停利點：

圖 1-9-1　2 種設停利點的方法

1. 靜態停利
• 基本上是投資人的目標價，設置的依據依賴投資人對個股的長期觀察，停利點是不變的，當股價漲到該價位時，立即賣出離場。 • 這方法適合投資穩健以及中長線投資者，投資新手可適當降低停利的標準，提高操作的安全性。

2. 動態停利
• 當投資的股票已有獲利時，由於股價上漲趨勢不變或市場氣氛仍然樂觀等原因，投資者認為還有上漲空間，於是繼續持股，直至股價出現回落或達到某一價位時才賣出 • 動態停利的設定標準有 3 個，投資人按不同情況選用： 　**1. 股價回落幅度**：如此時股價與最高價相比，減少 5%~10% 時，立即停利賣出。但如果你發現股價已經見頂，即使沒跌到 5%，都要堅持賣出。 　**2. 股價跌破 10 日或 20 日平均線**：當股價跌破平均線時，意味趨勢開始走弱，應立即停利。 　**3. 上漲動能停滯**：當股價上漲一段時間，開始出現漲不動的情況，並形成頭部形態時，就要盡快離場了。

資料來源：作者整理

2

交易心理與
常見謬誤

〖 2-1 散戶最常犯的 10 大錯誤 〗

　　如果說投資分析是科學化的操作，那麼交易行為就是心理學的範疇。投資綜合了個人對股市以及自我的認知，而投資行為往往會誤闖非理性的陷阱，如何戰勝自己的心理，絕對是成功的關鍵。本文從交易心理的角度，描述散戶投資常見的現象，以及不小心就會犯的錯誤。

1. 花了不少時間做投資分析，並按基本面買入股票，但剛起漲就嫌漲幅太小或害怕回跌，很快就把股票賣掉，小則只賺零頭，大則扣除交易手續費還倒賠！

2. 按技術面買入強勢股，並打算短線賺差價，可是漲了不賣，回跌時又來不及停損。結果短線變中線，最後被迫轉為長線，愈套愈深。

3. 買入股票前不分析，買入後才仔細研究該股的基本面，對這次交易要操作短線還是長線都不清楚。

4. 在大盤上升趨勢確立後，總喜歡尋找股價仍然在底部的股票，以為買到了好股等待大漲，但結果就是漲不動，白白浪費了賺錢的機會。

5. 當發現持有的股票基本面惡化時，總是找出當時買入的理由安慰自己，不肯承認判斷錯誤，更不會停損。

6. 在股票下跌期間攤平成本，卻發現自己接到天上掉下來的刀子；而在最後階段的恐慌性下跌中，把股票殺在最低點，將廉價的籌碼送給了大戶。

7. 股票剛下跌時期望是大戶洗盤，期待很快會有一波大漲；持續下跌時希望會有一波反彈，反彈一來又認為會漲得更高，結果在最後恐懼下殺時，成為拋售股票的一份子。

8. 很多散戶買進股票都是因為朋友或專家的推薦，結果一口氣買了 10 檔股票以上，弄得自己手忙腳亂。

9. 不懂大戶操盤手法，辛苦學習的基本分析、技術分析都用不上，操作股票變成盲人摸象，毫無章法。運氣好還能賺得小利，運氣不好就輸得一塌糊塗，成為大戶口中的肥羊。

10. 許多散戶都有「懼高症」，認為股價已經漲上去，擔心再去追漲會被套住。事實上，股價漲跌與價位高低沒有必然關係，真正的關鍵在於「勢」。在上漲趨勢形成後，追漲是很安全的，而且短期內獲利很大，關鍵在於如何判斷上升趨勢是否形成，這在不同市場環境會有不同標準。比如在牛市中，成交量大且股價創下新高的股票通常是好股；而在熊市中，上述情況往往是陷阱，暗藏大戶出貨的陰謀。所以對趨勢的判斷能力，是投資高手必備的。

以上 10 個錯誤，你犯了多少個呢？看完後，是否對你有新的啟發？一個人要拋棄形成多年的固有思維，就如同放下舊愛，是一件非常痛苦的事。但若要重生和成功，就必須不斷否定自我，不斷學習新的知識，才能愈來愈成熟。

〖 2-2 羊群效應：人為何會盲目跟風？〗

羊群效應（Bandwagon effect）
羊群平常是很散亂的組織，但當領頭羊動起來時，其他羊就會一哄而上跟隨。意指人們經常受到大多數人的看法影響，忽略獨立思考，不假思索地跟從大眾的行為，結果往往會落入騙局。

當股市出現劇烈波動和混亂複雜的局面時，人容易失去判斷力，而跟從別人的決定——當群眾買進，你也跟風買進；當群眾恐慌性拋售，你也

跟隨賣出。因為跟隨主流的抉擇，往往是最簡單的。

「在別人貪婪時恐懼，在別人恐懼時貪婪。」巴菲特的名言絕對是對羊群心態者的當頭棒喝。市況低迷，眾人看淡的時候，往往是投資者入市的好時機；當市場火熱，全民瘋買股時，很可能是高點了。可惜的是，大多數投資者都存在「羊群效應」的心理，當大家不看好時，即使是成長前景看好的公司，也會變得無人問津。

要避免盲目跟風，最好的做法是根據個人的投資目標和風險承受程度，設定停損和停利點，在任何情況下，都必須按照原定計畫操作買賣。設定停利點，可提醒投資者目標已達到，避免陷入貪婪；而停損則可避免損失進一步擴大。

〚 2-3 心理帳戶：為何贏來的錢容易輸掉？ 〛

> **心理帳戶（Mental Account）**
> 人的腦海裡有一種心理帳戶，會把實際上的支出或收益，在心裡劃分到不同帳戶，進行不同的決策，而每個帳戶的金額不能互通。

先問你兩個情境題：

➤ 情境 1：如果你買了一張 100 元的博物館入場券，但到了博物館時發現那張票不見了，你會再花 100 元買另一張入場券嗎？

➤ 情境 2：當你來到售票口，才發現原本準備用來買票的 100 元不見了，你仍願意去買票入場看展覽嗎？

從調查發現，第一種情況，多數人的答案是「不會」；但第二種情況，多數人的答案卻是「願意」。

明明同樣是需要「再花 100 元」買票，結果為何如此不同？事實上，人類並非總是理性，會慣性把錢分別放進不同的「心理帳戶」，並依據每個帳戶的性質，決定不同的使用方式。回到買票的例子，即使同樣是再花 100 元，但人們普遍認為遺失 100 元和花 100 元買票，是屬於兩件不同的事情。

心理帳戶的概念同樣可套用在股市，如果你手上有兩筆錢，一筆是「從工作賺回來的工資」，另一筆是「靠股票賺回來的獲利」，投資者會傾向把後者用於高風險投資，因為那些錢是靠股票賺回來的，所以輸掉對心情影響不大。但事實上，這兩筆錢都是你的財產，本質上無異。由於心理帳戶的關係，投資者往往對獲利毫不在乎，不會見好就收，結果就會出現把賺到的錢賠回去的情況。

投資者想要克服心理帳戶的迷思，不妨利用「定額投資法」。例如把全數或部分在股市的獲利，放到另一個銀行帳戶，而你可以用這些錢消費或再投資。雖然這些錢在本質上是一樣的，但由於心理帳戶的關係，你潛意識會認為放在銀行的錢是「自己的錢」，所以使用時會比較謹慎，會做出更審慎的投資決定。

〔 2-4 市場壓力：買進就套牢，賣出卻上漲 〕

市場壓力（Market Pressure）

人是獨立的個體，但又會被外界事物影響；套用在股市上，表示投資者的內心會與外在市場（其他投資者）不斷互相作用，個人會對市場產生壓力，市場也會對個人產生壓力。

你是否有以下經驗：股票開始上漲時沒有買入，但股價一漲再漲，身邊眾多投資人持續追捧，你終於按捺不住入市；但一買入就買到高點，股價持續下跌，進入盤整階段，而別的股票卻繼續上漲，讓你非常無奈。最後決定把股票賣出，可是賣出不久後，股價又開始拉升了，讓你懷疑是不是自己太倒楣了？

很多投資者都把自己當成股市的主人，完全根據自己的喜好思考問題，而忽略其他投資者的觀點，忽視了市場壓力，結果就發生「買入即套牢，賣出卻大漲」的怪現象。

➤ 為什麼一買進上漲中的股票，股價就開始回檔？

因為在前期買入的投資者為了獲利套現，開始賣出股票；而你在中途才入市，追高買進，不被套牢才怪。

➤ 為什麼賣出股票後，股價就開始回升？

由於股價已盤整了一段時間，精明的投資者認為洗盤已到尾聲，於是入市；而你只留意股價在盤整，只關心自己已被套牢很久，沒有了解該股走勢。

所以，與其說自己倒楣，倒不如怪自己太自我中心，以為投資是一個人的事，忽略了市場壓力的影響，造成別人賺錢、自己賠錢的後果。

無論做人、做事或投資，都不應該只關心自己眼前的狀況，更要從別人的角度去了解事情，因為群體的力量往往主導市場生態。了解群眾心態，會讓你更清楚局勢發展，讓你獨立思考，以更宏觀的高度，做出正確的投資決定。

〚 2-5 處置效應：只賣獲利股票，不賣虧損股票 〛

處置效應（Disposition Effect）

做買賣決策時，投資者傾向賣出賺錢的股票，並繼續持有賠錢的股票。這意味著：當人處於獲利狀態時，是風險迴避者；但處於虧損狀態時，則是風險偏好者。

如果你持有兩檔股票 A 和 B，A 的股價漲了 15％，B 的股價跌了 15％；如果此時出現一次投資機會，需要你賣掉其中一檔股票套現轉投資，你會選擇 A 還是 B？

對大多數投資者來說，會選擇賣出 A，繼續持有 B。因為如果賣出 B，就代表把虧損變成「事實」，必須承認投資失誤；而一旦不賣出，虧損的只是「帳面損失」，不算賠錢，於是都傾向持有虧損的股票，期待可以上漲。而賣出 A 的話，即使股票後市看好，但選擇此時賣出，代表落袋為安，心裡覺得較為踏實。

由「處置效應」衍生出來投資邏輯，造成投資者持有獲利股票時間太短，持有虧損股票時間太長。這種心理現象，大大影響資產配置及建立投資組合的效率，造成「賺不多，賠得大」的結果。

解決「處置效應」的最佳方法，是按照設定好的停利點及停損點進行買賣，同時觀察股票基本面及技術面的變化，不要為一時賭氣，做出不理性的買賣決定。如果經過嚴謹的分析後，你認為手中獲利的股票仍有上漲空間，何不設定一個合理的停利點？如果你發現虧損中的股票，基本面仍然良好，只是暫時處於技術性修正，又何須擔心繼續持有呢？

〖 2-6 懊悔理論：股價急漲反而不想賣 〗

> **懊悔理論（Regret Theory）**
>
> 　　對大多數人來說，行動的懊悔比忽視的懊悔更嚴重，因此在面對選擇時，大多數人較願意保持現狀，而不選擇另一種可能。

　　上一篇提到，投資者大多傾向賣出獲利的股票，而繼續持有虧損的股票，因為他們會擔心，如果賣出虧損的股票，萬一其後大漲，甚至漲到比成本價更高的位置，當中產生的後悔感，非筆墨可以形容。可以選擇的話，與其讓自己後悔，倒不如什麼都不改變，期待轉機出現。

　　把「懊悔理論」套在獲利股票中也如出一轍。如果沒有急需變現的壓力，投資者都傾向持有上漲中的股票，擔心如果賣出的話，股價繼續上漲，會因為賺少了而後悔。

　　由此可見，無論是賺錢中的股票，或是賠錢中的股票，人往往會因為怕後悔而傾向不做任何改變。這同時解釋了為什麼很多投資者寧願繼續被套牢，也不願意換股，尋求出路，白白浪費很多反敗為勝的時機。

　　投資者是否要換股，應該按情況做具體分析：如果持有的股票處於下跌趨勢的初期，而股價處於高位，這時停損離場是明智的決定。反之，如果股票處於上升趨勢的初期或下跌趨勢的尾段，那就毋須太過擔心而隨意換股，耐心持股等待為宜。

〖 2-7 錨定效應：為何喜歡抄底？ 〗

錨定效應（**Anchoring Effect**）

　　當我們對某件事做定量測量時，容易慣性將某些特定數值視為起始值，而起始值就如同錨一樣制約著測量值；當進行測量時，往往會不自覺給起始值過多的重視，而影響測量的本質。

　　「錨定效應」經常在日常生活中發生，舉例來說，如果把一個新款蛋糕放在高級糕點的貨架上，十之八九的消費者會覺得，新款蛋糕是高級食品；相反的，如果把它與平價的糕點擺在一起，即使新款蛋糕再美味，品質再好，也難以被消費者視為高級糕點。

　　以上的心理運作，主要是我們將新款蛋糕擺放的位置、附近的食品定為錨，以這些環境為基點，去判斷新款蛋糕的品質；但本質上，新款蛋糕是完全獨立的，它的味道和品質並不會受外在環境而改變。

　　同樣的，為什麼股價大跌後，人們會想抄底搶反彈？也是因為「錨定效應」。由於我們很難知道股票的真實價值，在資訊不足的情況下，往往會以過去的股價為基準，判斷當前的股價。看到股價跌了很多時，自然會猜想股價是否見底了？如果在此低價買入，漲起來不就大賺了。

　　要判斷股價是否見底，不能單純以過去股價為基準，「覺得」此時股價已跌了很多，該反彈了。底部的形成相當複雜，而且有長期、中期及短期底部之分。例如，在判斷是否為短期底部時，會以股價是否回到 10 日、20 日平均線，並快速突破 5 日、10 日平均線為依據；判斷是否為中期底部時，會留意近兩個月，K 線是否形成頭肩底、雙底、V 型底和圓形底之類的形態。利用技術面分析底部，絕對比利用「錨定效應」的參考點準確得多。

〖 2-8 控制幻覺：線上交易無法提高收益？〗

> ### 控制幻覺（Illusion of Control）
> 當人認為自己能對不可控制的事情產生影響力時，就會出現控制幻覺，這種幻覺往往會衍生過度的自信，容易在決策時造成誤判。

以下是一個小實驗，測試者被安排在兩種情況下進行丟硬幣賭博，並自行分配兩種情況的投注金額：

➢ 情況 1：別人丟硬幣

➢ 情況 2：自己丟硬幣

雖然兩種情況的機率完全相同，拋出正或反面的可能性都是 50%，但事實卻是，測試者在情況 2 的投注金額明顯高於情況 1。

實驗顯示，測試者在情況 2 可以親自丟硬幣，讓他們產生「控制幻覺」，以為自己可以「控制」出現正反面的機率，於是勇於投注更大的金額，這情況在股市也經常發生。

在網路年代，投資者可以在線上進行股票交易，以更方便的方式進行買賣——但這種便利性，會讓投資者覺得，透過網路可以快速了解行情，能夠第一時間抓住市場焦點，擴大自己的獲利。但實況卻是，線上交易讓投資者的買賣更頻繁，在震盪的市況下反覆追高殺低，當真正的機會來臨時，手上可以投資的本金已所剩無幾了。

不可否認，網路世界能讓你掌握更多市場資訊，透過即時財經新聞及線上交易，更可隨心所欲進行買賣決定；但同時也會讓人變得自負，由於什麼都可以自己控制，便產生了「控制幻覺」，結果造成過度交易，付出過多的手續費，反而損害了投資的效率。

〖 2-9 選股如選美？ 〗

> **投射效應（Projection Effect）**
>
> 　　人會慣性把自身的喜惡和情感，投射到別人身上，認為對方會和自己一樣，對某些事情有相同的看法。例如一個經常算計別人的人，總覺得別人也在算計他；一個喜歡說假話、愛吹噓的人，總認為別人也在欺騙自己。

　　經濟學家凱因斯（John Keynes）提出在金融市場投資的訣竅時，提出了「選股如選美」的心得：

　　「在選美比賽中，如果猜中了誰能夠得冠軍，就可以得到大獎。你會怎麼猜？凱因斯的看法是：『別猜最漂亮的那個，而應該猜大家會選的那個。即使那個女孩長得不漂亮，但只要大家都投她，你就應該選她。』總之，選美就是猜對大眾的投票行為，跟選股如出一轍。」

　　凱因斯的理論，看似叫我們不應該選自己認為最好的股票，而要買大家都買的股票，但他其實是提醒投資者注意「投射效應」，別把個人喜惡當成市場的偏好，並以此進行投資決策。例如自己喜歡某一檔股票，就認為別人也會喜歡，於是就天真地認為此股將會受市場追捧，一定會賺錢。

　　「投射效應」會讓人自負起來，而忽略了其他細節。即使你喜歡的股票基本面很好，但技術面不佳的話，別人又怎會現在買進呢？當然，我們也不應該只買大家都買的股票，自己不做功課，純粹跟風，因為「羊群效應」而集體選擇了一檔「弱勢股」，到時只能相濡以沫了。

⟦ 2-10 同儕悖論：為何行情大好仍賺不到錢？ ⟧

> **同儕悖論（Peer Paradox）**
>
> 在相同的條件下，人們總是喜歡把得與失、成功與失敗的標準，定格在和其他參照物的比較，而忽視了客觀的評價。

究竟何謂「失」？何謂「得」呢？

假設在股市中，你和其他同事都有一筆相同的資金入市，你會選擇以下哪個結果？

➢ 情況 1：同事一年賺 20％，而你賺 22％。

➢ 情況 2：同事一年賺 35％，而你賺 25％。

結果發現，大多數人會選擇情況 1。很多人的投資成功標準，常常不是獲利的多少，而是與其他人比較；即使自己在情況 2 時賺得比較多，但其他同事的報酬率比自己高，所以多數人都傾向選擇「賺得比別人多」，確實不夠理性。

由此可見，投資者往往會把別人的成績，視為判斷個人得失的「參考」。他們重視的不是盈虧的最終結果，而是看最終結果跟參考點之間的差距。這種由非理性得失感主導的情緒，很容易影響我們的投資決策。

例如在股市多頭時，發現朋友的股票一漲再漲，自己的股票卻沒有表現，你就會心亂如麻，打算改變原先的操作計畫；當換股買入朋友的股票時，卻出現賣出股票大漲的情況，而新買入的股票由於漲幅已大開始回落。一個決定，就白白浪費了好時機。

股票投資必須學會獨立分析，謹慎按計畫操作，並有自己的獲利標準，不必與別人比較，甚至因為別人賺得比自己多而眼紅，影響自己的操作。其實只要在股市賺到錢，就是贏家。

⟦ 2-11 知識幻覺：接收訊息愈多，賺得愈多？⟧

知識幻覺（Delusions of Knowledge）

為了更掌握事物的全貌，人們會傾向在各種管道接收不同的訊息，認為蒐集得愈多愈好，慢慢就變成過度自信，最終影響了判斷。

投資人會認為，擁有愈多訊息，愈能強化自己的投資決策，所以吸收的訊息量愈多，投資行為就會愈理性。但當我們面對海量的訊息時，往往無法將真正有用的訊息提煉出來，加上缺乏訊息的經驗，結果讓正確的訊息產生錯誤的引導，造成更多投資失誤。

在網路時代蒐集訊息是非常容易的事，但面對各方訊息，投資者容易做出錯誤反應，例如：

1. 反應過度：

在股市多頭期間，投資者容易變得自滿，無視負面的經濟和政治新聞，而對偏好的訊息反應過度。

2. 反應不足：

面對好消息或壞消息時，有些投資者需要一段時間才能做出反應。所以經常看到公司發出利多消息，股價卻在數個月之後才上漲的情況。

3. 回憶偏好：

當聽到某檔股票將會大漲的消息時，你會回憶起以前曾經歷過類似情況，於是你改變了對股價未來走勢的預期，對漲幅產生幻想，期望心中劇本如預期上演。

4. 從眾心理：

由於資訊太多，選擇追隨主流，會比較有安全感。但如果人人都是這種想法，見漲就追的話，股價就會很快脫離實質價值，泡沫隨時會破。

除非你絕頂聰明、吸收能力極強，否則要消化源源不絕的訊息絕非易事。以下是一些簡單提示，幫你有效處理訊息，做出正確的投資策略：

1. 不要看到消息就急忙做出交易決定

2. 小心提防小道消息或內幕消息

3. 對高本益比的股票要格外小心

4. 收到消息後，要確認消息的真實性

5. 不要為蒐集數據而蒐集數據

6. 閱讀公司財報，要確認真實性

7. 消息出現後，第二天股價波動是正常現象

8. 可參考財經專家意見，但不要盲目跟隨

〖 2-12 如何降低「被套牢」的機率？〗

在股市裡，永遠都是「買股容易，賣股難」，無論什麼市況，都會有一批「被套牢」的投資人。所謂「被套牢」，是指買入股票後，股價隨即下跌，如果用現價賣出，就會虧錢，只好繼續持有股票，直到股價有機會回升為止。很多人都會以「長線投資」做為被套牢的藉口，但這根本是兩碼子的事，不可混為一談。要防止被套牢，投資者應做到以下3點：

1. 分批賣出

如果你擔心賣出後股票仍會大漲，我建議分批賣出，例如先賣出2/3，保留1/3，那麼即使股價之後下跌被套牢，只是小部分資金而已。而且可以拿回大部分資金，投資到其他股票。

2. 嚴格遵守停利和停損機制

不要指望能在最高點賣出股票，當股價上漲到合理價位或停利點時，就要堅決賣出，別期望會更上一層樓；如果股價拉回，並跌至設定好的停損點時，要堅決賣出，否則會愈套愈深。

3. 大勢轉弱，果斷撤退

再會漲的股票，股價趨勢也有轉弱向下的一天，因此必須做好隨時撤退的準備。時候一到，就要勇敢及乾淨俐落地賣出。分手是為了更長遠的未來，撤出的資金是為了保存實力，可用來低接股票，隨時再續前緣。

〚 2-13 萬一「被套牢」，該怎麼辦？ 〛

如果買入股票後股價狂跌，已遠遠低於你的成本價，又錯過了股價反彈逃命的最佳機會，很抱歉，你已經正式「被套牢」了。不過只要你耐性夠，長期持股，終會等待到股價回升的一天。但對一些急著套現的投資者來說，還是可以採取一些行動：

1. 調整投資組合

任何市況都有賺錢的機會，許多熱門股在大盤走弱的情況下，都會發生大幅度的回檔，所以被套牢時，應先審視所持有的股票，看看哪些有逐步回升的潛力，把有潛力的股票留下來。如果市場上有其他潛力股，可先賣出部分被套的股票買入潛力股。如果選擇得當，短時間就可以從新買入的股票上獲利，抵銷先前套牢舊股的損失。

2. 敢於在反彈浪中撤退

雖然被套住的股票暫時無法回到你的成本價，但股價走勢並非永遠往下，當出現可觀的反彈漲勢，投資者應好好把握這段時機，在階段性的高點賣出，將損失減至最低。

3. 在下跌趨勢回穩後加碼

當你選擇買入一檔股票，一定有買入這檔股票的客觀理由，萬一被套牢後，這個理由依然存在，你也相信它會漲回的話，你可以大膽在股價低位階時積極加碼。但你不能在下跌途中一路買進，只能在下跌趨勢回穩、開始形成底部時，才可以加碼。

4. 不要在漲至成本價時，急於賣出

很多投資者在長期等待，終於回到成本價後，急忙賣出股票，但這個做法其實是不可取的。股價沒有絕對的高低，低點有更低，高點有更高。如果投資對你來說只是「等待解套」，將很難在股市上有所收獲，只能停留在「買股被套」的惡性循環。

「買入、被套、解套、獲利」，是投資常見的四部曲，所以當你被套後，千萬不要過度焦急或什麼都不做，而是要冷靜下來分析持有的股票及市場局勢，在等待中尋找機會。時機一到，就要果斷決定出撤退或加碼。長期下來，你一定可以走到最後的「獲利」階段。

〖 2-14 換股前要注意什麼？〗

萬一股票被套牢，只要適時換股，未嘗不是自救的辦法。做出換股決定前，最好掌握以下 5 個重點，才能提高反敗為勝的機率：

1. 從趨勢入手

我們必須了解趨勢，例如：大盤正在平穩上漲，而打算換股的標的明顯處於下跌趨勢，且價格離底部不遠，當以上的情況都具備了，就適合換股。萬一大盤正處於下跌趨勢，那麼即使換股，恐怕都無法扭轉劣勢。

2. 成交量不宜過大或過小

當股價漲得太快，成交量過大時，可能是主力出貨的徵兆，股價可能隨時見到高點，這時不宜換股；但當有個股成交量過小，同樣也不宜換股，因為這代表市場沒有足夠的買盤推動股價。

3. 汰弱留強

換股的大原則是放棄弱勢股，換入強勢股，所以必須密切關注主流族群個股。根據行情，賣出手中持有的冷門弱勢股，買入目前屬於強勢族群個股，尤其是一些價量齊揚的個股。

4. 待機而動

當你賣出弱勢股後，如果無法立即找到合適的強勢股，則不須急於入市，請耐心等待適當的時機再行動。

5. 一次性換股

　　經常換股代表你選股思路混亂，操作原則輕率，只會帶來更多失誤。況且換股換得多，手續費的成本就愈高，壓縮了未來的利潤空間。所以投資者最好堅持一次性換股原則。

3

用「價值投資法」選股

⟦ 3-1 8個問題看出，你對持股的認識有多少？ ⟧

大多數投資人都會絞盡腦汁研究怎樣賺錢，卻不研究將買進的股票。每位投資人在買股之前，都應該審視一下自己的決定，最穩健的做法就是根據公司的前景投資，而不是靠運氣選擇股票。

當你決定投資某家公司的股票之前，請問問自己以下 8 個問題，看看你究竟認識它有多深：

圖 3-1-1　買股票前，先問自己這些問題

1. • 這家公司如何賺錢？
2. • 利潤從何而來？
3. • 與同類型公司比較，經營情況如何？
4. • 大環境對公司有什麼影響？
5. • 有無其他不確定因素影響公司？
6. • 公司管理能力如何？
7. • 公司股票究竟值多少？
8. • 你能長期持有這檔股票嗎？

資料來源：作者整理

1. 這家公司如何賺錢？

可以透過公司的財報，了解它的業務結構，以及每一項業務的營收和獲利數據，從中我們要回答最關鍵的問題：這些獲利可否變成投資者手中的現金？

對股東而言，最重要的就是實實在在的現金，無論是以股利或是再投資的形式再次投入公司營運，都有助推動公司股價上漲，做法包括：

- 查看年報中的現金流量表，看看當中的「營運現金流量」（Cash Flow from Operations, CFO）是正數還是負數？

- 比較過去 3 至 5 年的現金流量，是增加還是減少？

- 稅後純益與現金流是否有矛盾之處？如有，就表示公司可能有意誇大帳面利潤，這對股東毫無益處。

2. 利潤從何而來？

根據會計原則，在現金真的入帳前，公司都可以將其計入「營收」，所以投資人必須注意，這將會影響你購買該股票的價格，但這都可以從公司公布的財報中查證。不過要注意一些營收成長快速的公司，如果你不清楚成長的原因，就要小心了。

另外，有些公司每年都會收購好幾家公司，原因可能是將數家原本獨立公司的獲利整合在一起，製造一個漂亮的財務數字。但從長遠角度看，如果隨意將數家公司的財務數字東拼西湊，將付出沉重的代價。

3. 與同類型公司比較，經營情況如何？

可以透過分析銷售數據，判斷公司的競爭力，想知道一家公司是否比同類其他公司出色，最好的方法就是比較它們每年的營收數字：

- 如果是處於高成長的行業，這家公司的營收成長速度與對手相比如何？

- 如果是處於成熟的行業，過去幾年的營收狀況是否比對手理想？尤其要注意新競爭對手的業績。

在對比同類公司時，別忘了比較成本問題。以美國的通用汽車和福特汽車為例，由於它們都背負退休員工的養老金及醫療保險，這些沉重的開支，使他們面對豐田和本田等外國競爭對手時，處於非常不利的境況。

4.大環境對公司有什麼影響？

不少行業的股票都受到景氣循環的影響，例如不景氣的時候，許多公司都會減少廣告預算，報紙或雜誌的頁數就會跟著減少，所以這時候紙業類股的股價都處於低檔。

同時要關注利率會對哪些公司有影響，例如利率大幅下降，可能會促進民眾借錢投資不動產，對地產股就是利多。

另一個要考慮的因素，是公司處於該行業的競爭程度。價格戰只對消費者有好處，卻會使公司利潤迅速下滑。由於競爭對手太多，又無法把銷售量提高，想搶到更高市占率的公司，就必須有比對手更強的成本優勢。

5.有無其他不確定因素影響公司？

設想一下該公司未來可能遇到最糟的狀況，例如某家公司的營收非常依賴某一位大客戶，萬一公司失去了這客戶，業績就可能大幅衰退。

6.公司管理能力如何？

就一個局外人來說，要評估一家公司的管理能力絕非易事（除非你每次都參加股東會）。最簡單的方法，就是翻閱歷年該公司年報的「願景前瞻」，看看經營理念是否始終如一，還是經常變換策略。如果是後者，就

必須避開這檔股票，因為出色的管理者必須堅持策略，朝令夕改無助公司的長遠發展。

7. 公司股票究竟值多少？

衡量一家公司價值最快的方法，就是比較本益比（PE）。如果該公司本益比高於 40 倍，哪怕它是處於高成長的行業，都建議不碰為妙。原因是投資者要從這類公司獲利，報酬率就必須較整體市場高 50％，這絕對不是容易的事。如果你是用明年和後年的預期收益計算本益比，那更要謹記算出來的數字只是預估，未必會成真。

下一步就要查看年報中的現金流量表，看看經營是否帶來正數的現金流；如果是負數的話，即使該股的股價仍持續上漲，但很快終將回歸現實狀況。

8. 你能長期持有這檔股票嗎？

投資者最容易犯的錯就是「追高殺低」，即使已經做好基本分析，找出優質股票，卻容易被短期的股價波動影響買賣決定。當你回答完以上 7 個問題，並確認你選擇的是好股票後，請堅定持有，因為自己是為長遠的利益而投資，而不是賭博。

〖 3-2 巴菲特的成功來自「長期投資」〗

人的一生，大部分的時間都在工作中度過，當長年在某行業工作，並與相關公司打交道，那麼我們對這行業的熟悉度，是很多分析師都無法相

比的，而這正是散戶的優勢。「股神」巴菲特很擅長在自己的「能力圈」內尋找投資機會，例如《華盛頓郵報》的潛力，就是他當「送報生」時發現的。

巴菲特的第一份工作，是 13 歲時派送《華盛頓郵報》，他每天要走 5 條線路，共派送 500 份報紙。由於親身見識其發展潛力和巨大市場，於是他在 43 歲那年，投資此股 1,000 萬美元，持股 37 年間，賺了 15 億美元，上漲逾 150 倍。第一份工作，造就了他的第一桶金。

除「工作」外，巴菲特還把「生活」和「交際」涵蓋在能力圈之中。「生活」方面，從小就喜歡喝「可口可樂」的他，早就發現這是暢銷的產品，於是在 1988 年把握機會，逢低一口氣買進 12 億美元可口可樂的股票，目前已增值逾 100 億美元。而向來交遊廣闊的巴菲特，就是在一場高爾夫球友誼賽中，認識了美國運通執行長，交流心得後，決定大手筆買入該股，持股 11 年，獲利高達 70 億美元。

即使你的本金不像巴菲特那麼多，但也可以運用這套投資哲學，發掘自己專屬的能力圈，觀察生活的點點滴滴，並配合基本分析重點，相信將可找到屬於你的好股。

回報要大，持股時間要長

從以上的故事也可發現，巴菲特的持股時間都很長，背後邏輯就是：「當股價暫時超越或落後業績表現，部分股東無論是賣或買，或許會賺錢，但長遠來看，股東的整體收益，必定會與業績相對等。」意思是，雖然股票的短暫價格經常偏離企業真實價值，但長線一定是走向真實的。

投資包含了兩個不同的市場：一邊是「真實市場」，龐大的上市公司互相競爭，製造及銷售真實的產品，如果經營有道，就可以賺取真實的獲利，發放真實的股利。另一邊則是「期望市場」，這裡的價格並非以銷售的利潤決定，短線而言，只有在市場預期升溫時，股價才會上漲，不一定是因為營收與獲利上升。

所以巴菲特就認為：「婚姻要幸福，選擇伴侶很重要，陪伴也同樣重要。對成功投資者來說就是，選股和持股同樣重要。」選一檔好股無法馬上獲得高額回報，你必須耐心地持有，可能是幾年、十幾年，甚至幾十年。要回報愈大，持股時間就要愈長。長期投資，可以減少金錢和精神的損失。

表 3-2-1　長期投資的好處

減少手續費成本	大部分投資者無法賺到足夠多的回報，是因為交易過度頻繁，付出大量的手續費，變相減少了總體回報。
避免被大戶影響	大戶的資金進出，往往對股價產生巨幅波動，散戶稍有不慎，隨時會被嚇到賣出股票。長期投資，正好讓你避免受股價一時漲跌的影響，造成判斷失誤。

資料來源：作者整理

無視短期虧損，讓長期投資成功

另一方面，如果我們因出現短期虧損而改變長期投資策略，是十分不智的。因為即使是巴菲特，他買股後套牢的機率也高達 90％，但最終，這些投資都為他帶來了豐厚的回報。

根據《投資藝術》一書的統計，股票的短期風險絕對高於債券，但隨著持有時間增加到 15 年，股票的風險就小於固定收益資產了。如果用短期虧損來衡量自己的投資價值，就會迫使自己頻繁換股，避開市場波動，這不僅會增加成本（如交易手續費），更會提高錯誤率。而且你可能會因此改變長期投資的原則，讓長期目標半途而廢。

2021 年，巴菲特在「給股東的信」中，除了按例披露他旗下投資公司波克夏的前十大持股，包括：蘋果、美國銀行、可口可樂、美國運通、威瑞森、穆迪、美國合眾銀行、比亞迪等，同時重申了一次價值投資的

真諦：「一隻耐心且頭腦冷靜的猴子，透過射 50 支飛鏢的方式，從標普 500 的上市公司選出投資組合，隨著時間的推移，將享受股息和資本利得，只要它不受誘惑改變原來的『選擇』。」

總之，長期投資能讓我們避免很多不必要的損失，擴大利潤空間。因此價值投資的真諦，就在於耐心長期持股，不要靠消息賣掉持股，轉換別股，而要學股神「放長線、釣大魚」。

〚 3-3 有「安全感」的企業是投資首選 〛

了解巴菲特的投資心態後，下一步就要選出值得投資的股票。有人說，談戀愛是需要安全感的，股票投資何嘗不是？決定跟一檔股票「戀愛」前，都應檢查該企業是否夠「安全」。一檔股票是否安全，不外乎買了不會賠錢，或買後不會提心吊膽。透過財報分析企業的基本面，是最有效的方法。想了解企業是否給你足夠的安全感，就要關注 5 大項目：

1. 固定資產（非流動資產）規模

固定資產規模是衡量公司實力和安全程度的直接表現。評估固定資產時，千萬不要忽略隱性資產（如土地、房地產等），因為公司的實際資產價值往往都會高於其帳面價值。舉個例，當貨幣升值，土地等固定資產都會升值，因此公司的淨資產也會上升，所以外圍因素對隱性資產的影響，都要考慮在股價之中，分析是否被「低估」。

2. 經營效率

營收可顯示企業的規模大小，及經營實力的強弱，但不代表獲利能力。除了看營收數字，還可以計算「總資產周轉率」，進一步了解總資產管理的效率，判斷企業的營運能力。

總資產周轉率＝營收／總資產

資本密集型行業（如鋼鐵業、石油化工、電子工業等）周轉率會較低，勞動密集型行業（如農業、林業及紡織、服裝等勞工占比較高的製造業）的周轉率則較高。所以這指標必須與同業比較，數值愈高，代表經營效率愈高、銷售能力愈強。當然，企業可能以「薄利多銷」的方式加速周轉率，但這可能會削弱其獲利能力，所以要綜合判斷。

3. 擴展經營能力

要對企業進行成長性分析，可善用「營收增減率」。即是以本期營收跟上期營收比較，又或以本期「每股營收」跟上期「每股營收」比較，兩者都可以看出營業規模的發展趨勢。而所謂「期」，可以是上月和本月比較、上季跟本季比較，這就叫「環比」；而去年跟今年同月／季的比較，則是「同比」。

如果公司的營收逐月、逐季或逐年增加，並將部分收益再投資於擴大生產經營，或以融資方式獲得資金擴大經營規模，說明公司的產品獲得消費者支持，其經營模式可持續發展，甚至可進一步擴大市占率，增加市場競爭力。

要注意的是，營收高不代表獲利高，萬一營收的漲幅追不上「銷貨成本」的漲幅，則會影響獲利能力。

4. 資產結構

公司的「資產總額」由「股東權益」及「負債」組成，而企業的償債能力分短期和長期，其中測量長期償債能力的重要指標是「負債比」。負債比愈高，投資風險就會較高，一般高於65%就算危險範圍。

資產總額＝股東權益＋負債

負債比＝負債／資產總額

至於短期償債能力，主要是分析資金的流動狀態，最重要的指標是流動比率（Current Ratio）。流動比率愈高，代表短期償債能力愈強，但過高的話可能是資金浪費。流動比率的標準數因行業而異，1.5~2.5都算是財務健康的企業；如果小於1，短期償債能力可能出現問題。

流動比率＝流動資產／流動負債

企業常透過借錢擴大經營規模，但獲利的同時風險也大。例如，當市況好、利潤高於利息的情況下，借錢經營可以增強企業的營運能力，並提高利潤及股東權益。但當經濟轉壞、市場競爭加劇，導致財務虧損時，借錢經營則會大幅降低股東的投資回報，投資這類企業就會得不償失。

因此，一家企業即使營運狀況良好，但資金結構不合理、償債能力差的話，不但無法獲利，甚至可能破產。投資者不但無法獲得股利，甚至可能血本無歸！

5. 上市時間

巴菲特認為，投資至少上市10年的企業比較安全，因為投資者有足夠時間看清該企業管理階層的底細、財務及經營發展的變化，有助於評估長遠的投資價值及降低投資風險。如果讀者想查閱個股的財務報表，可到公開資訊觀測站，輸入個股股號，即可下載季度或年度財務報表。

圖 3-3-1　到公開資訊站下載個股財報

資料來源：公開資訊觀測站
公開資訊觀測站網址：https://mops.twse.com.tw/mops/web/index。

　　要特別注意的是，有安全感的企業不代表隨時都可買入，什麼時候才是理想的買賣時機，必須進一步學習，往後章節會提供方法和建議。

〖 3-4 「護城河」和「收費橋」是股王的特徵 〗

　　對巴菲特來說，旗下企業波克夏（Berkshire Hathaway）絕對是「價值投資」的實戰場，其中可口可樂、寶潔、美國運通等，都是他早年發掘出來，並持續成長至今的各領域「股王」。這些企業的特色，是擁有幾近

獨占市場的「護城河」和「收費橋」。讀者不妨參考以下兩大準則,看看在股海之中,哪些具有成為股王的潛質。

什麼是「護城河」?

很多人都誤會,巴菲特只靠研究財報數據就可找出股王,但如果真的單靠數字就可以成為股神,所有數學家都是股神了。沒錯,透過財報數據的確可以了解企業的財務狀況,預測未來營收;但世界趨勢不斷在變,單靠歷史數據分析仍不夠,必須加入「護城河」的概念,才可確保企業未來獲利的穩定性與成長性,保障我們的投資收益。

每個企業都有屬於自己的護城河,但有些護城河卻不夠深,就容易被競爭對手搶占市場。與競爭優勢不同,護城河是更防禦性的,好的競爭優勢代表企業能很快擴展市場,但不代表能有效阻止競爭者進入市場。《護城河投資優勢:巴菲特獲利的唯一法則》一書就提出了 4 項「護城河」的特點:

表 3-4-1　「護城河」的 4 大特點

專屬無形資產	包括專利、品牌和專營授權
客戶黏著度高	如果客戶不用該產品,需要高昂的轉換成本(包括金錢、時間)
網路競爭力強	網路銷售的特點在於訊息易流通和客戶便利性,擁有比實體市場更強大的潛力和銷售能力
成本優勢明顯	擁有低成本的製作流程、特殊資源和相對大的市場

資料來源:作者整理

什麼是「收費橋」?

　　相比「護城河」,「收費橋」屬於進取型的「獲利之劍」。巴菲特認為有兩類企業擁有「過橋收費」的特點,分別是:生產使用率高但耐久性短的產品(如可口可樂),以及提供大眾和企業都持續需要的重複性消費服務(如美國運通信卡)。

　　以可口可樂為例,它是一家「廠商」,是家喻戶曉的消費性品牌,所以「商家」(如超級市場)必須銷售它的產品,以維持基本的營業額。對普通品牌來說,由於市場有不少生產同類產品的廠商,所以商家就可以貨比三家,向廠商壓低進貨價格,以賺取更大利潤;但可口可樂情況不同,因為只有一家廠商生產,商家沒有殺價的機會,價格優勢屬於廠商。

　　另一方面,由於很多商家都需要可口可樂這項產品,但市面就只有一家廠商供應貨源,即使廠商向所有商家收取同樣價錢,但商家們得到貨品後,也會出現削價競爭的情況。這類價格戰會減少商家們的利潤,但無礙可口可樂的利益,可口可樂永遠能立於不敗之地。

　　因此「收費橋」的重點在於,當消費者需要一個獨特品牌的產品,而市場就只有一家廠商生產該產品時,商家要賺取銷售這產品的利潤,就必須經過廠商這唯一的「橋」,並付出「通行費」。

查理・蒙格談市場競爭

　　最後,以巴菲特合夥人查理・蒙格(Charlie Munger)對市場競爭的看法,做為本文的總結:

　　「許多市場最終會形成兩到三個大競爭者——或者五到六個,其中有些市場裡壓根沒有人能賺到錢,有些市場裡每個競爭者都做得不錯。多年以來,我們一直在研究,為什麼有些市場競爭比較理性,股東獲得的回報都不錯,而有些市場的競爭,則讓股東血本無歸。

　　舉航空公司的例子來說吧,這個行業自從萊特兄弟的時代以來,給股

東們回報的利潤都是負數，這個市場的競爭十分激烈，以至於一旦放開監管，航空公司就開始（大降價）損害股東們的權益。

然而，在另外一些行業如麥片生產商，幾乎所有的競爭者都混得挺舒服。如果你是一家中型的麥片生產商，大概能有 15％的資產回報率。如果你的本事特別好，甚至能達到 40％。為什麼麥片這麼賺錢呢？顯然，品牌效應是麥片行業有而航空行業沒有的；或者麥片生產商有共識，認為誰都不可以造成瘋狂競爭，因為假設我是家樂氏的老闆，決定要搶占60％的市占率，我會把這個市場的大部分利潤都搶走，但在這個過程中，可能會把家樂氏給毀掉。

你應該有信心去顛覆那些比你資深的人，因為他們的認知被動機導致的偏見蒙蔽了；但從另一個角度想，你應該意識到自己可能無法創新，最好的選擇就是相信這些領域中的專家。」

〚 3-5 從「技術優勢」尋找潛力股王 〛

讀完上個章節後，大家能否找出哪些企業具有「護城河」或「收費橋」這兩大神器呢？實際上，這類企業在世間極少，即使有，此時股價可能已不便宜了，非一般投資者可輕易入手。

既然世事無完美，退而求其次是可行的選擇，我們可投資一些身處行業中具有較高市占率，或明顯帶有技術優勢的企業，當成「潛力股王」的目標。以下精選部分中國企業為例，他們雖然非主流，卻是在個別行業中具有以上特點的龍頭企業：

1. 氫燃電池首進中國政府報告，濰柴動力（2338）布局領先

氫燃料電池產業是 2019 年中國「兩會」的重點主題，當時就提出加大相關技術投入、提升戰略地位、完善基礎設施等。由於氫燃料屬於零排放、無汙染的新能源，比起純電動車，氫燃料電池車具有高功率密度、續航里程長、加氫時間短的優點，符合中國總理李克強在政府報告所指，要實現節能減排、推進藍天保衛戰、促進新興產業發展的方針。

同年 1 月初，《中國證券報》報導氫燃料電池汽車有望年內正式實施「十城千輛」推廣計畫，預估氫燃料電池概念股將是未來的投資熱點。然而目前氫燃料電池產業的發展則相對落後，當中發展較好的企業是濰柴動力（2338），該集團近年已開始布局，包括：

• 收購英國錫裡斯（Ceres Power）20％的股份，與其在固態氧化物燃料電池（SOFC 技術）領域展開全面合作，首期合作將聯合開發一款燃料電池用於電動客車增程系統。

• 以 1.64 億美元認購全球氫燃料電池龍頭企業巴拉德動力系統公司（Ballard Power Systems）19.9％股權，成為其第一大股東，並已進入實質性業務合作階段，且根據長期供應協定，濰柴還能從巴拉德獨家購買燃料電池的關鍵技術元件——膜電極元件（MEAs）。

濰柴在氫燃料電池的產業布局已領先同業，先前更表示將於 2021 年前為中國商用車提供至少 2,000 套燃料電池模組，這也是目前全球規模最大的商用燃料電池汽車部署計畫。

2. 工業網路爭相升級，慧聰集團（2280）乘勢崛起

2018 年起，消費網路紅利開始轉弱，除騰訊（0700）外，不少網路巨頭如阿里巴巴、小米（1810）及美團（3690）相繼做出組織架構的調整；工信部更在同年 11 月發布《關於 2018 年工業互聯網試點示範項目名單的公示》，可見中國政府對於工業網路的重視，長遠來說，將對如慧聰

集團（2280）這類協調開拓產業網路發展的企業有利。

所謂產業網路，就是利用新零售、物聯網及大數據等技術，升級傳統產業的商業模式，而慧聰集團的業務正是利用「資訊＋交易＋數據」產品及服務搭建，形成點線面的產業網路布局。旗下擁有三個垂直的產業網路平台──「買化塑」、「棉聯」和「中模國際」，分別專注於化工塑料、棉花現貨及建築模架行業物資交易，以及聚焦優勢產業的供應鏈金融服務平台「上海慧旌」。

2018 年 11 月宣布新戰略方針的騰訊，就提出未來 20 年將在連接人、數位內容及服務的基礎上，推動實現由消費網路走向產業網路的升級，更和慧聰集團達成在產業網路產品研發、服務、銷售推廣等領域的戰略合作，相信騰訊看中了慧聰集團做為中國領先產業網路集團的優勢。

3. 特斯拉加快電動車量產，帶旺贛鋒鋰業（1772）

為減輕中國對美國汽車關稅帶來的負面影響，電動車大廠特斯拉（Tesla）在 2018 年於中國積極布局，包括宣布「上海超級工廠」（Gigafactory 3）計畫，預料每周可生產 3,000 輛 Model 3 電動車；並與中國最大的鋰化合物生產商贛鋒鋰業（1772）簽訂電池級氫氧化鋰產品協議，於 2018 至 2020 年由贛鋒供應超過 5.6 萬噸氫氧化鋰，占其電動車總產能的 20%。

除特斯拉外，贛鋒也與德國 BMW 和韓國 LG 化學簽下訂單，在 2022 年底前交付 4.8 萬公噸氫氧化鋰，相當 100 萬個電動車電池組的產能。可見在全球電動車進程上，贛鋒處於舉足輕重的地位。而從產業前景及公司的品牌優勢上看，贛鋒擁有不菲的投資價值，是中長線佳選。

贛鋒鋰業的主業除上游的挖取鋰礦資源，還包括中游的鋰鹽加工及下游的電池回收，是中國唯一一家擁有一條龍鋰產業鏈的企業。另一個亮點是，全球首批電動車正邁入「退休期」，預計電池回收市場即將爆發，擁有相關下游業務的贛鋒可大大受惠。

4. 山東黃金（1787）技術取勝，獲避險資金青睞

股市充滿風險及變數，因此選股有時必須從資產轉移的角度考慮，例如當政治或經濟環境不穩或股市波動時，往往會以黃金做為避險工具，而加速金價上漲，黃金類股也會吸引避險資金流入。

從事黃金勘探、開採、選礦、冶煉和銷售的山東黃金（1787），擁有中國十大金礦當中的四座（三山島金礦、焦家金礦、新城金礦和玲瓏金礦），加上收購了阿根廷及全南美洲的第二大金礦 —— 貝拉德羅礦的50％ 股權，擁有大量黃金資源。按中國礦產金產量計（以下均為 2017 年數據），其產量達 29.4 公噸，排名第一，市占率為 6.9％，而在同業港股中，招金（1818）及紫金（2899）則位列第三及四位。

山東黃金的優勢不只是資源豐厚，高產量的背後是高技術優勢：

- 旗下礦床規模大、礦體連續性好，平均黃金品質較高，因此其營運成本僅每盎司 682 美元，低於同業平均 715 美元。
- 憑著優質自動化及智慧控制採礦技術，讓礦山平均貧化率及採礦損失率僅約 7.7％ 及 5.6％，低於同業的平均 11.4％ 及 5.8％。
- 選礦加工回收率達 94％，高於中國 83.1％ 的同行平均。
- 垂直整合業務帶來成本優勢，使冶煉回收率高達 99.9％，為該行業的領先者。

5. 坐擁「獨角獸」子公司，創維數碼（0751）被低估

身為彩色電視龍頭之一的創維，近年與同業都經歷了景氣寒冬，不只銷售成績下滑，更受面板價格上升拖累，讓製作成本增加，毛利大減；但要分析創維的前景，並不能單從銷售量反映，而創維旗下的「獨角獸」酷開，潛力亦值得關注，因為市場似乎仍未將其長遠價值納入創維股價。

以「大內容」為號召的酷開智慧電視系統，近年不斷引進影視、教

育、體育、遊戲等內容，提供給用戶，讓用戶第一時間看到自己想要的資訊。同時積極與合作夥伴開發 OTT（over-the-top）市場，將廣告模式實實在在地變現。要留意的是，酷開已先後獲騰訊（0700）及百度兩大網路巨頭入股，但持有酷開 64.3％股份的創維，目前市值卻比酷開更低，股價被嚴重低估。

電視機一直被視為未來智慧家庭的核心，雖然目前多數消費者仍是手機不離手，但手機有一點無法與電視機媲美——就是螢幕太小。對愈來愈重視健康生活的現代人來說，最終會意識到在家中需要手機的替代品，使用大尺寸（55 吋以上）電視將成為趨勢。

政策方面，工信部、國家廣播電視總局、中央廣播電視總台於 2019 年 3 月聯合印發《超高清視頻產業發展行動計畫（2019-2022 年）》，明確提出按照「4K 先行、兼顧 8K」總體技術路線，大力推進超高清影視產業發展和相關領域的應用；加上「家電補貼 2.0」逐步推行，直接受惠的創維，價值回歸之日應指日可待。

〖 3-6 如何評估企業的獲利能力？ 〗

正如巴菲特所言，投資者的最大通病，就是太在意股價漲跌，忽略了企業持續賺錢的能力。要從股票中獲利，不外乎賺取差價或領股息；無論是何者，最安全的做法，就是投資具有豐厚利潤的企業。一家優秀的企業，除了要讓人有安全感（盾牌），還需要有一定的獲利能力（利劍），因為攻擊就是最好的防禦。前面提過，營收無法判定企業的獲利能力，所以會用 4 種財務指標評估：

1. 毛利率

毛利率＝毛利／營收

　　毛利就是「營收」扣除「銷售成本」後的數字，毛利率愈高，代表一家公司獲利能力愈強，如果每年都上升或持平，就可考慮投資，一般而言，最少要看近 5 年的數字變化。即使營收上升，但銷售成本增加更多，毛利率仍會下降，這點務必注意。

2. 營業利益率

營業利益率＝營業利益／營收

　　營業利益是營收扣除銷售成本與銷售費用。基本上，營業利益必然少於毛利；從營業利益率可以看出銷售成本以外，公司日常開支是否過大，而影響利潤。

3. 淨利率

淨利率＝淨利／營收

　　淨利率是觀察扣除成本、費用、業外損益後，淨利占營收的比例。每個產業公司的營運和成本不盡相同，因此淨利率走勢觀察比數據大小重要；而淨利率的比較，應以同產業為基礎才有意義。淨利包含業外損益部分，因此可能大於營收，使淨利率大於 100％，此時投資人應特別注意業外損益來源。

　　以上 3 項數據各司其職，投資者可從相關指標，發現公司哪些方面成本較高，哪些表現最有效益，影響整體獲利能力。

4. 股東權益報酬率

眾所周知，巴菲特選股會考慮「股東權益報酬率」（ROE），因為這指標可反映公司運用股東資金賺到錢的效率。理論上，ROE 愈高，獲利能力愈佳；不過，ROE 高的公司，也可能是高負債的公司，投資者務必注意。

股東權益報酬率＝淨利／股東權益

由於股東權益是資產減去負債，所以負債愈多，股東權益會愈少，導致股東權益報酬率愈高，結果就出現「負債高的公司有高 ROE」的現象。如果公司借貸的目的是因為發展需要，當然是有利的；但負債過高的話，萬一出現金融風暴式的股災或黑天鵝事件，很容易出現破產危機。

因此找到高 ROE 的公司，仍要配合「資產負債比」進一步確認。如果比率長期處於 65％以上，暗示公司大部分的生財資產都是借錢買來的，每年都必須把大筆的獲利拿去還債。如果未來數年進入升息周期，將會增加公司的利息成本，償債壓力大增，影響業績表現。

除了透過以上數據了解一家企業的獲利能力，觀察一些外圍現象也是好方法。例如觀察該企業的每月營收結算是否準時、財務報告公布早或晚、股東會是否準時召開等。這些看似微不足道的小事，其實都能反映企業的經營效率，根據經驗，處理例行事務效率高、領先同業公布財報的，往往都是業績較好的企業。

〖 3-7 為何不能忽視「管理階層」的質素？〗

當買入股票後，你就成為公司股東，無論持數量有多少，你都算是公

司的老闆，除了要留意公司的財報數字，更要認識你所「聘請」的高薪員工——管理階層，因為他們是企業營運的「大腦」。

身為管理階層，一定要懂得如何善用資源和金錢，將公司資本做最好的運用，決定企業的價值。例如企業在不同成長階段，營收、利潤和現金流都會有不同的變化：

表 3-7-1　企業發展 4 大階段

階段 1 （初始期）	由於要開發產品和提高市占率，支出往往會大於收入。
階段 2 （高成長期）	開始急速成長，獲利能力增強，但現金流仍無法完全支持企業高速發展，所以管理階層不只要保留獲利做為發展之用，還需要透過發債或增資籌集資金。
階段 3 （成熟期）	企業發展速度開始趨緩，獲利超出擴展所需的現金，開始出現盈餘。
階段 4 （衰退期）	企業的銷售和利潤同時下滑，但仍會出現過剩的現金流。

資料來源：作者整理

處於階段 3 及 4 的企業，考驗管理階層分配盈餘的能力。當企業產出的現金流多於維持經營的資金需求時，管理階層就要決定如何分配利潤。一般而言，他們會有 3 種選擇：

1. 再投資於企業現有業務上

將盈餘再投資未必是好事，因為如果企業不斷將多餘的現金再投資於本業，但只能獲得平均或低於水準的「資產報酬率」（ROA），就意味管

理階層無法提高企業的獲利能力，投資報酬率將日益惡化，現金成為了愈來愈沒有價值的資源，企業的股價就會跟著下跌。

$$資產報酬率＝稅後淨利／淨資產$$

2. 購併其他成長型企業

　　要定義一項購併是否成功，要看併入新公司後，是否能促進母企業經營成長；同時整合產業生態，減少惡性競爭帶來的不良後果（例如打價格戰，導致利潤被削弱）。然而，購併也未必是好事，因為要整合成功，必須透過許多人事及資源策略調配，即使未來發展值得憧憬，也不排除出現理想與現實不符的情況。

　　所以，如果企業是利用長期債務去購併其他公司時，就更需要從企業的本質考量，主要有以下三種情況：

表 3-7-2　3 種企業購併情況

兩家均為「消費者壟斷」企業	由於兩者都具有消費者壟斷，結合將產生巨大的現金流和超額利潤，能很快將長期債務清還。
「消費者壟斷」企業與「一般商品型」企業合併	「一般商品型」企業為了改善不佳的經營狀況，將侵蝕消費者壟斷企業產生的利潤，拖慢清還長期債務的速度，這對消費者壟斷企業來說，未必是好事。
兩家均為「一般商品型」企業	由於兩者都沒有能力獲取足夠的利潤還清債務，所以這算是最差的結合。

資料來源：作者整理

3. 發放現金給股東

站在股東立場，直接收錢當然是好事，但對巴菲特來說，如果管理階層願意把盈餘用於回購市場上被低估的股份，就表示他們是以股東利益最大化為準則，而不是盲目擴展業務。

巴菲特認為，回購股票所帶來的回報是雙重的，因為能夠以低於內在價值的市場價格買回股票（例如股價為 10 元，但內在價值 15 元），對股東來說，收益會更高。因此回購行為等同向市場發出利多訊息，從而吸引更多資金買入該股，股東除了可得到回購帶來的收益，緊接而來的，就是受投資者追捧造成的股價上漲。

但一般散戶對管理階層並不熟悉，投資者要如何知道這些管理者的素質如何呢？股神的恩師班傑明・葛拉漢（Benjamin Graham）就提出三大訊號供讀者參考，這些數據都可從財報中查找：

1. 在經濟繁榮時期，連續幾年對股東的投資，都沒給出滿意的回報

2. 銷售淨利率未能達到整個行業的平均水準

3. 每股盈餘成長幅度未能達到整個行業的平均水準

當以上訊號同時出現，就是管理出了問題。實際上，股東可在股東大會上提出並要求解決方案。如果管理階層重視股東的話，自然會迅速尋找答案，以便在受質疑時立即應對。

企業愈大，管理就愈複雜，存在的問題也愈多，尤其是企業的內部鬥爭，往往導致管理階層變動頻繁，造成公司營運不穩；另一方面，如果員工只會聽從高層指示，一旦核心要員離職，整個企業就很容易瓦解，即使產品再好，企業都將缺乏長期競爭力。

〔 3-8 「本益比低」不是買股的好理由 〕

對價值投資者而言，本益比是衡量股票價格和投資獲利關係的最常見指標，它也是反映投資回報期限的工具。

本益比＝股價／每股盈餘

舉例說明，某檔股票股價為 30 元，每股盈餘（EPS）為 1.5 元，本益比就為 20 倍。它指的是，投資者以每股 30 元買入該股後，到第 20 年就可收回投資的本金，而第 21 年開始，就會進入獲利期。

定義上，本益比有長線投資的影子，但只有極少數人會持股這麼多年，因此有些人覺得用本益比有些不切實際。然而，本益比的另一個作用，其實是以社會平均利潤率，去比較股市平均投資回報期。

社會平均投資回報期＝股市平均本益比

從經濟學角度看，市場規律會促使投資股票的平均報酬率，與社會的平均利潤率一致，即股市的平均本益比，在長期投資下，最終會趨近於社會平均投資回報期，結果就衍生出「本益比過低時要買入，因為總會回歸合理價值」的說法。

說明本益比背後的經濟理論，無非想帶出本益比的確有其估值作用，因為市場會使價格走向平衡點，但要留意，平衡點會不停地變動。所以使用本益比時，要用動態發展的觀點分析，並兼顧企業的成長性及淨資產，否則將會有極大的風險。

一般認為，要用本益比分析某檔股票是否值得買進，可從兩方面進行評估：

1. 成長性

· 本益比值低於 20，屬於值得買進標的。

· 比較同業間的本益比，本益比低於平均值就值得買。

根據公式，由於本益比採用的每股盈餘是前一年和當年的預測，但這不代表該股當年的實際獲利情況，更不能反映其成長性。切記，投資就是買未來，價格便宜並不代表有前途，所以本益比低絕非買入的理由。同樣的，本益比高也不是不買進的理由。

例如，某企業第一年的每股盈餘為 1 元，股價 22 元，即本益比 22 倍，似乎不值得買。但這企業的成長性很好，每股盈餘每年可成長 30％，所以第二年的每股盈餘就有 1.3 元，以 20 倍本益比計算，股價應在 26 元。同樣的，第三年的每股盈餘可成長至 1.69 元，其股價應在 37.18 元。對比目前的 22 元，即使本益比高於「理想區間」，實際上卻很有投資價值。

2. 淨資產

由於本益比是股價與每股盈餘的比率，所以獲利少的企業一般都有極高本益比，因此很容易被認為沒有投資價值；然而這想法其實是忽略了「淨資產」的重要。淨資產即扣除了負債的資產值，也可稱為「資產淨值」或「股東權益」。

假設 A 公司每股盈餘只有 0.05 元，目前股價是 2 元，本益比是 40 倍，似乎不值得買進；但其每股淨值為 5 元，意謂即使 A 公司破產遭清算，在還債後，股東每股還可以得到 5 元，因此以 2 元買入此股，風險很低，甚至可以獲利。

當然，不是真的等到它破產才能獲利，因為不少中型及大型企業都有很強的資產實力，有時因為政策、匯損等因素，會出現暫時性的虧損，但這不代表這類企業沒有投資價值。只要公司度過低谷並成功轉虧為盈，股

價反彈的空間就會很大，因此這類型股票在本益比極高時，往往是買入的良機。

景氣循環股應在本益比高時買進

另外，「本益比低就值得買」的理論同樣不適用「景氣循環股」。所謂景氣循環股，就是跟隨經濟周期盛衰的股票，例如：汽車、房地產、水泥、建築、鋼鐵。投資這類行業時，反而是「本益比愈低，就愈不應該買」。

景氣循環股在繁榮周期來臨前，獲利都會比較低，當市場預期繁榮周期即將來臨，由於投資者早已開始買入，股價就會上漲，本益比就會比較高；相反的，在衰退周期來臨前，公司的獲利已達高峰，而市場預期衰退即將出現，於是開始賣出，造成股價下跌，本益比就會很低。由此可見，投資景氣循環股時，本益比高時要買入，本益比低時就要賣出。

〔 3-9 評價成長股，本益成長比更好用 〕

上篇提到，本益比是比較靜態的評價指標，忽略了企業的成長性，於是英國投資大師吉姆‧史萊特（Jim Slater）就在本益比的基礎上，發展出另一種評價指標——本益成長比（Price/Earnings to Growth Ratio, PEG）。本益成長比彌補了本益比對動態成長性評估的不足，是快速評估市價合理性的方法。由於每年獲利成長率具有波動性，所以應使用企業未來 3 到 5 年的每股盈餘複合成長率。

本益成長比＝本益比／每股盈餘複合成長率

假設股票 A 目前的本益比為 20 倍，其未來 3 年的每股盈餘複合成長

率為 20％，即此股本益成長比為 1，代表市場賦予股票 A 的估值，可充分反映其未來業績的成長性。如果本益成長比大於 1，則表示股價被高估，或市場認為它的業績成長會高於預期。成長型企業的本益成長比都會高於 1，意味投資者願意給予高評價，憧憬未來業績會快速成長。如果本益成長比小於 1，則是市場低估了其價值，或認為它的業績成長性較預期差。

問題來了，究竟要如何預估未來的每股盈餘複合成長率呢？事實上，要算出未來的數據絕非易事，必須配合複雜的數學模型，這是專業投資機構的優勢。但散戶也可用簡單的方法計算，就是從近幾年的歷史數據，算出平均的每股盈餘複合成長率，並當成未來的每股盈餘複合成長率。舉例如下：

年份	每股盈餘（元）
2017	0.89
2018	1.45
2019	1.98
2020	2.58

資料來源：作者整理

2017 至 2020 年的每股盈餘複合成長率為：$(2.58/0.89)^{1/3}-1=0.42$。我們就可以把 0.42 當成每股盈餘複合成長率，並計算本益成長比。

由於這項數據是基於過去的成長性計算，是假設平均成長率會持續下去；但萬一之後的技術出現重大突破，那麼這數據就沒有足夠的代表性了。所以，如何得出準確的每股盈餘複合成長率，就是考驗本益成長比有效性的重要因素。

本益成長比解釋了不少市場現象，有時會發現一些基本面很好，市場評價卻很低的企業；一些業績平平、甚至虧損的企業，卻擁有很高的評

價，而且不斷提高，這時就可以用本益成長比解釋。前者雖然業績好，但可能已經失去成長性，投資者不再願意給它更高的本益比；後者目前雖然獲利不高，但預期業績將突飛猛進，而且可保持高成長性，市場就願意不斷提高它的評價。

新興產業要用本益成長比

由此可見，本益成長比尤其適用於成長性較高的新興產業，如人工智慧、大數據、虛擬實境、區塊鏈、電競設備等，不適用夕陽產業，以及過度投機炒作的行業。

例如，中芯國際（0981）和華虹半導體（1347）這類的半導體股，都屬於成長型股票，所以本益比和股價淨值比（PB）通常比較高。投資者應多注意其本益成長比，看看一檔股票的股價預估成長率是否合理。另外，可選擇本益成長比低於競爭者的半導體股票，半導體企業通常背負較高的負債，因此應選擇負債不高、和其他半導體公司接近的企業，會比較安全。

〖 3-10 股神的恩師為何愛用股價淨值比？ 〗

巴菲特的恩師班傑明・葛拉漢（Benjamin Graham）覺得，股價淨值比（PB）的重要性不下於本益比。他指出，當企業的過去紀錄和未來前景愈好，股價與每股淨值間的關聯愈小，股價淨值比的用處就不大；然而，若股價超出每股淨值溢價愈大，表示決定企業內在價值的基礎愈不穩定，代表投資者要承擔的風險愈高。因此葛拉漢建議投資者，最好購買股價接近於公司有形資產價值的股票。

股價淨值比是股價與每股淨值的比率，例如 A 公司股價淨值比是 1.2，代表市場願意以 1.2 元買入企業目前價值 1 元的每股淨值。股價淨值比愈高，表示每股淨值的潛在價值愈大，投資者願意付出高溢價購買。因此用股價淨值比評價公司的關鍵，在於對每股淨值真實價值的掌握。

股價淨值比＝股價／每股淨值

與本益比及本益成長比一樣，判斷股價淨值比的合理倍數，可參考歷史平均水準和同業平均水準。在確定合理的股價淨值比倍數後，再乘以該企業的每股淨值，即可得出合理股價。如果高於市價，說明股票被低估，可以買入；低於市價，則是高估，應該賣出。

股價淨值比不像本益比常用於計算合理股價，是因為只有資產規模大的公司，如地產、水泥、航空、化工和鋼鐵等，用股價淨值比評價才有意義。至於一些概念型的股票，如網路科技公司，由於它的未來價值來自技術和專利，無法由資產淨值評估實質價值。

銀行股較適合用股價淨值比

股價淨值比較本益比更適合用於評估擁有大量固定資產，且帳面價值較穩定的行業，如銀行、保險、券商等。由於銀行的資金交易頻繁，獲利波動較大，用本益比來評價比較困難，而銀行的資產卻很容易被評估。

順帶一提，銀行股的股息殖利率較高，因此銀行股是存股族的首選，如果你打算買銀行股，那麼除了股價淨值比，更要留意配息因素。由於銀行的營運受利率變動影響，所以長期來看，用股價淨值比評價較合理。

〖 3-11 分析哪類股票需要「特殊指標」？ 〗

前面章節講解了多種常見財務指標（如本益比、股價淨值比、本益成長比等）的用法，只要查閱相關數據分析，相信能應付絕大部分的股票。但如果以為只用一般指標就足以橫行天下的話，就太天真了。某些行業的股票，單用以上指標是無法做深入分析的，而需要一些非一般公認會計原則（Non-GAAP）的指標。本文將介紹保險股、博弈概念股及電信股三類需要特殊指標分析的行業：

保險股：用隱含價值

評價保險股不能靠本益比，而要用「隱含價值」（Embedded Value, EV）。由於保險公司是以先收錢、後賠款的方式營運，而獲利是本益比估值的重要因素；但未來賠款是未知的，當未來出現賠款時，獲利就會出現大幅波動，所以本益比並非合適的評價工具。

隱含價值＝市值＋負債

隱含價值是用來衡量保險股的價值及獲利能力，但計算非常複雜，一般投資者不容易使用。幸好，保險公司會將相關數據交由會計師處理，並記錄在財報中；我們只要將股價除以隱含價值，得出的數字愈小，表示該公司股票值得買進。

在眾多因素中，以投資報酬率對隱含價值的影響最大。由於保險公司的獲利主要是收取保費，利用保費再投資，因此投資報酬率愈高，代表該公司愈有能力用保費收入賺更大的利益。

博弈概念股：比較企業價值倍數

過去數年，中國大力打貪，澳門賭業營收曾連續 26 個月下跌，終於

在 2016 年下半年逆轉，連續 5 個月回升。不少投資者都重新關注這類股的未來發展。同樣的，本益比也不適合用於博弈概念股，分析時還必須留意「企業價值倍數」（EV／EBITDA）。

$$EBITDA＝收入－支出（利息、稅、折舊除外）$$

$$EV／EBITDA＝（市值＋負債）／收入－支出（利息、稅、折舊除外）$$

「企業價值倍數」由 EV 和 EBITDA 兩部分組成，由於「企業價值倍數」在計算獲利時，是撤除利息及不影響現金流的折舊成本，這對負債以及折舊成本較高的博弈概念股來說，比較能反映公司的獲利能力。比較同產業的「企業價值倍數」，如果數字愈低，代表愈被低估，愈值得買。

電信股：留意每用戶平均收入

2017 年，中國頒布新政策，為抑制手機網路的犯罪率，未來將加強監管，眾多中國的電信公司（如中移動、聯通及中電信等）都會受惠，甚至會額外取得補貼，前景看好。但投資電信類股時，除分析獲利數字，建議也留意每用戶平均收入（ARPU）。

每用戶平均收入代表電信公司從每用戶收取的收入，是分析電信公司業績的專用指標。由於電信市場競爭激烈，不少電信商為搶生意，不惜減價促銷，因此可能會出現「用戶總人數」或「新增用戶人數」上升，但每用戶平均收入下降的現象，結果仍會影響公司的毛利率。

另一方面，不要以為每用戶平均收入高，就代表獲利一定上升。由於近年中國電信公司逐漸將業務由 2G 與 3G 轉向 4G，每用戶平均收入上升屬於正常現象，投資者須留意 2G 與 3G 每用戶平均收入，以及 4G 業務成本上升的問題，才能對公司真實的獲利做出正確判斷。

以上三種特殊指標在上述特定行業的財報中都能找到，用法與本益比等財務指標一樣，將數據和同業比較就能得知優劣，非常方便。

4

用「趨勢交易法」
決定進出場時機

〚 4-1 分析大勢要用「波浪理論」〛

進入趨勢交易的重點前，先介紹一些基本理論。眾所周知，大盤指數或股價走勢大多都會以波浪起伏的形式展現，其實早於 1938 年，美國證券分析師艾略特（Ralph Elliott）已發表了「波浪理論」（Elliott Wave Principle）。該理論主要以「道氏理論」（Dow Theory）為基礎加以發展，並加強操作精準度。

波浪理論認為股價變動的循環是由 8 次波浪構成，包括 5 次上升浪和 3 次下跌浪，即「八浪循環」。

圖 4-1-1　股價變動的「八浪循環」

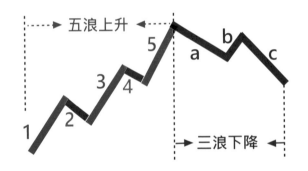

波浪理論
基本規律型態

1、3、5為推動浪
2、4為調整浪
a、b、c為下跌浪

資料來源：作者整理

浪數	解釋
第 1 浪	波浪循環開始，通常出現在大跌後的反彈，或屬於築底形態的一部分，買盤力量不大，市場跌勢未減，持續有賣壓。
第 2 浪	為上升浪中的調整浪，調整幅度相當大，幾乎跌掉第 1 浪的升幅，主要是因為市場常誤以為熊市尚未結束。第 2 浪的特點是拋售壓力逐漸減弱，成交量同樣縮小，底部出現前會出現反轉型態，如頭肩底、雙底等。
第 3 浪	屬於漲勢最大的升浪，持續時間亦最長。市場投資者信心恢復，成交量大幅攀升，常出現突破訊號，在 K 線圖上經常出現如跳空缺口等突破向上走勢，是最強烈的買進訊號。
第 4 浪	通常是行情大幅上升後的調整，但第 4 浪的低點不會低於第 1 浪的高點。
第 5 浪	第 5 浪的漲幅通常小於第 3 浪，特點是樂觀情緒充斥市場。期間二、三線股也會大噴發，漲幅極其可觀。
第 a 浪	當第 5 浪出現成交量與價格走勢背馳，預示第 5 浪到 a 浪的轉變。a 浪會跌掉第 5 浪大部分的漲幅，但市場普遍認為趨勢尚未逆轉，認為只是短暫的調整。
第 b 浪	跌勢出現反彈，且成交量小，出現明顯的價量背離現象。市場大多數人以為漲勢未完。
第 c 浪	跌勢最強，持續的時間較長，所有類型的股票全面下跌。

資料來源：作者整理

　　當 8 次波浪完畢後，一個循環就完成，走勢將進入下一個「八浪循環」。數個小浪連結在一起成為一個中浪，數個中浪又連結在一起成為一個大浪，連綿不斷：

圖 4-1-2　從數個小浪連結成大浪

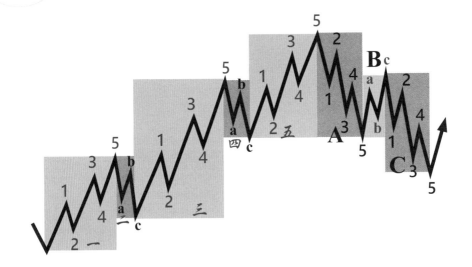

　　波浪理論為股市漲跌循環描繪了一幅清晰的運行圖，投資者可配合一些技術分析使用，判斷各種買賣時機。操作時要注意以下 4 點：

1. 清楚每個運行階段的操作模式

　　了解目前處於哪個階段非常重要，如在上升浪中，則可加大股票部位，如在下跌浪，就只能短線操作並及時減碼。如果無法確定當前行情，建議先減少部位，等形勢明朗化後，再靈活操作。

2. 不論長短，都要順勢而行

　　如果你是長線投資者，當發現股市走到第 5 浪時，應及時賣出。如果在 a 浪下跌中無法脫身，也要趁 b 浪反彈逃命。在下跌浪期間，不要買進，應耐心等待 c 浪尾聲再分批買進。

　　如果你是短線投資者，想在下跌浪中抄底，沒握時不要輕易出手，即使買進，也只能少量，並設停損點，並按紀律執行。

3. 用黃金分割率推算各浪的漲跌幅

黃金分割是利用黃金比率，即 0.618 和 0.382，再透過各種計算方式，得出以下組合：

（1）0.191、0.382、0.5、0.618、0.809

（2）1、1.382、1.5、1.678、2、2.382、2.618

波浪的漲跌幅可利用黃金分割率計算。一個上升浪可以是上一次高點的 1.618 倍，計算下一個高點，可以將目前高點乘以 1.618，以此類推。下跌浪也是如此，常見的下跌幅度比率有 0.236 倍、0.382 倍、0.5 倍、0.618 倍等。相隔時間愈長，黃金分割線做為壓力與支撐的力量就愈強。

4. 對主力操作股不適用

雖然波浪理論對預測大盤和一般股票走勢有相當程度的效果，但對由大資金主力控盤的股票基本上是無效的。這些股票的漲跌，都是人為操縱，大戶可能會故意製造假的技術形態，讓散戶掉入陷阱，投資者要格外注意。

⟦ 4-2 判斷牛熊市有絕對標準嗎？ ⟧

財經專家分析大盤時，經常說到「牛市」和「熊市」兩個名詞，這是了解股市行情最基本的概念，讓投資者明白現時處於什麼市況，對整體股市或個股走勢的預測，都有一定的作用。

牛市（Bull market）：

指股市呈現長期上漲的趨勢，市場充斥樂觀氣氛。「牛市」一詞起於股市熱絡時，投資人擠在狹小的證券交易所中，就如同傳統牛市集的牛群，所以戲稱為「牛市」。

熊市（Bear market）：

指股市呈現長期下跌的趨勢，市場瀰漫著悲觀、恐慌的氣氛。該詞來自美國西部拓荒時代，牛仔閒暇時常常抓灰熊來鬥牛，圍觀下注。後來美國就把熊和牛視為對手，於是與「牛市」相反的就是「熊市」了。

股市會隨著經濟周期及資金流動而上下起伏，因此牛市和熊市會交替出現，即所謂「牛熊共舞」。大致而言，在經濟周期中的復甦期和繁榮期，股市便是牛市；衰退期和蕭條期，股市常呈現熊市。

要判斷牛熊市並不容易，市場對牛熊的分界有多種定義。用技術分析去看，往往用 250 日平均線做為分界線，當價格跌破 250 日線，就步入熊市，而突破則是熊市變牛市；若用大盤的本益比來看，當本益比升至歷史新高時，往往反映股價超漲，隨時會由牛市轉向熊市。另外，《華爾街日報》也有「當大盤跌幅超過 20% 即是『熊市』」的說法。

根據道氏理論，牛熊市都可各自分為 3 個階段：

表 4-2-1　牛熊市的 3 個階段

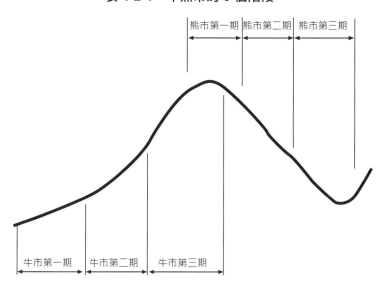

階段	說明
牛1：買進期	人們普遍對股市悲觀，仍會出現恐慌性拋售，成交量仍不足，但股價漸漸反彈，少數人轉而看好，決定在低檔買進。
牛2：活躍期	市場氣氛趨穩，投資人恢復信心，股價配合成交量上漲，整體上大漲小跌。
牛3：人心沸騰期	股市在各種利多消息刺激下，股市成交量急增，投機氣氛高漲，出現「雞犬升天」、「全民皆股」的情況，市況便可能開始出現危機。
熊1：出貨期	股價漲幅過大，脫離基本面，精明投資者或主力開始出貨；即使股價反彈，成交量也不大，但市場氣氛仍十分熱烈。
熊2：恐慌期	大盤跌勢加劇，投資者開始心急賣出，在缺乏買盤下，股價跌幅極大。恐慌賣壓過後，大盤開始盤整或出現反彈。
熊3：大規模拋售期	市場氣氛極差，缺乏信心的投資者全面賣出，連續優股也難倖免，但下跌趨勢卻未加速，大多集中在業績佳的股票，其他二、三線股大多已在熊 2 階段跌夠。熊市將在利空出盡時結束，而有遠見的投資者，已開始逢低布局。

資料來源：作者整理

判斷牛熊市的方法很多，身處不同市況，投資策略也有所不同，誤判牛熊二市的話，往往會承受錯誤的投資結果。總體而言，牛熊市分析適用股市長期的漲跌趨勢，是長線投資常用的分析工具，對短線投資者的意義就相對小。投資者要按照自己的性格和投資策略，善用各種工具。

〔 4-3 成交量與股價有何關係？ 〕

物理學上，「牛頓第二運動定律」指出一個物體的質量、加速度和所受作用力三者之間的關係，公式為：$F = M \times A$，即作用力等於質量乘以加速度。如把這概念應用在股市上，就如需要多少成交量（作用力），才能將某檔股票的價格（物體質量）推動，即價格的變化（加速度），而成交量與價格往往是正相關（但不是必然）。透過以上論點，可以從各種成交量與股價的關係，預測往後的走勢。以下是常見的量價現象，發生的位置不同，結果也會不同：

表 4-3-1　股市常見的量價現象

情況	說明
量增價漲	當股價經過一段時間下跌或底部盤整後，市場逐漸出現利多因素，交投氣氛轉旺，帶動股價及成交量上升，對後市上漲帶來實質的支撐。
量增價跌	大多在股價長期上漲後出現，由於經歷了大幅度的上漲，大戶趁機在高價出貨；同時散戶見漲勢開始乏力，於是亦紛紛拋售，所以是常見的賣出訊號。 個股的反彈過程也會出現量增價跌的情況，由於在前期階段是套牢區，很多人會趁反彈解套，讓股價反彈乏力，很快就會回落。
量增價平	在成交量增加的情況下，股價幾乎沒有波動，這情況在股價上漲或下跌的過程都會發生。 如果股價處於相對高檔，代表大戶已開始出貨，股價隨時會反轉，是賣出的訊號；如果股價在一波下跌後處於相對低檔，可能是大戶壓低股價吃貨的表現。
量縮價漲	如果在長期下跌後出現量縮價漲，代表市場沒有共識，反彈力度有限。 如果在股價上漲中出現，若不是極度縮小，很可能是大戶鎖定籌碼，準備拉升，後市看好。
量縮價跌	當股價下跌期間出現量縮價跌時，表示只有很少的資金流進抄底，市場對後市仍不抱信心，股價續跌機會仍大。 若在股價上漲時出現，可能預告上漲動能下滑，股價將下跌。

資料來源：作者整理

價量分析有公式嗎？

　　成交量能提供真實的數字，表示市場買賣的實況，理應不會「說謊」，例如股價上漲配合成交量放大，上漲趨勢明顯；若成交量萎縮，走

勢隨時會逆轉。但畢竟市場千變萬化，實戰操作時，如果單靠以上理論，仍會出錯。並非理論有錯，而是沒有全面了解價量分析的細節，而錯套了招式。以下列舉三項關於成交量的常見誤解：

1. 股價突破盤整時，必須放量配合？

傳統技術分析認為，當股價經過一段長時間的盤整階段後，向上突破時必須配合大成交量，才算有效突破，所以很多投資者都會以此做為買進的根據。但事實是，即使放量突破，股價都未必會持續上漲；有時以低成交量突破，之後股價卻持續上揚，究竟原因何在？

如果是低價股，當股價經過一段長時間的盤整，大戶往往已拿到夠多籌碼，要突破盤整區，拉升股價，不需要大成交量。相反的，如果股價沒有處於相對的低檔，放量向上突破，可能是大戶製造的假象，誘使散戶追進，突破後，可能就是股價修正的開始。

2. 股價上漲時，必須放量配合？

成交量放大的主因是什麼？就是有很多人急於拋售，同時有另一批人急於買進。如果市場的方向一致，即同樣看好或看壞的話，成交量必然無法放大。如果你我都看好後市的話，你會賣出手上將會大漲的股票嗎？即使我急於買進，但你堅決不賣（除非我拉高至你滿意的價位），結果就無法成交，成交量自然不會放大了。

另一種情況是，如果該股票是被大戶控盤，在拉升股價的過程中，大戶根本無須大量買進，即可拉動股價，股價上漲期間自然不會放量。

從以上兩個情況看到，不必大成交量的配合，股價仍能持續上漲。

3. 下跌時量縮，預示見底？

股價在下跌期間，成交量開始縮小，表示空方勢力開始衰弱，往往會被認為是見底的訊號。於是投資人勇於入市，結果股價不只沒有反彈，反而繼續下跌，愈套愈深。

這種見底的論點沒錯，卻忽略了其他的可能性。例如，當該股基本面很差時，大多數投資者不看好該股，即使賣盤很多，也不會有人承接，成交量自然會縮減，股價當然不會到底。

由此可見，價量分析沒有公式，同一種現象，可能來自不同個股的背景與市況。投資者必須了解：放量，有「市場行為」和「非市場行為」之分。由「市場行為」帶動的放量，是因為多空雙方對後市意見分歧，而造成的高額成交量；而「非市場行為」的放量，則是大戶以自買自賣的方式，造成成交量放大，創造熱絡的市場氣氛。但量縮往往無法「做假」，因此投資者應把重點放在分析量縮（例如思考縮量的原因，究竟是買盤少？還是賣盤少？），才能對後市做出更正確的判斷。

OBV 能量潮指標

美國股市分析家葛蘭碧（Joe Granville）於 1981 年設計了一種技術指標，名為「OBV 能量潮指標」（On Balance Volume, OBV），進一步將價量分析系統化。OBV 的原理是將成交量製成趨勢線，然後與股價趨勢比較，反映市場人氣高低，並預測股價的波動方向。OBV 的設定及計算公式如下：

當日 OBV＝前一日 OBV＋sgn×當日成交量

1. 如當日收盤價高於前一日收盤價，設定當日成交量為「正數」，即 sgn 為＋1

2. 如當日收盤價低於前一日收盤價，設定當日成交量為「負數」，即 sgn 為-1

圖 4-3-2　OBV 指標

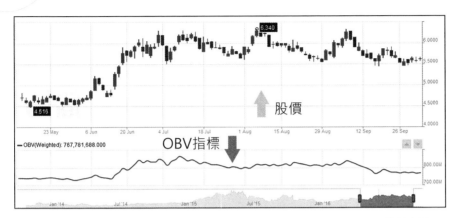

資料來源：etnet

　　OBV 指標的正負方向，可反映市場對持有股票興趣的增減，以下是一些實戰的基本用法：

1. 股價上漲，OBV 同步上漲時，表示後市看好。

2. 股價下跌，OBV 同步下跌或盤整時，表示後市看淡。

3. 股價上漲而 OBV 下跌時，表示漲勢動能減弱，股價可能出現回檔。

4. 股價下跌而 OBV 上漲時，表示多方氣勢轉旺，股價隨時可能反彈。

5. OBV 暴漲，無論股價是漲或跌，都表示動能將耗盡，股價將會反轉。

6. OBV 盤整了一段時間，表示市場對抱股興趣不大，個股正在調整階段，投資者不宜參與。

〖 4-4 如何用「均線」找好的買賣點？ 〗

趨勢交易的範疇中，K 線組合、形態及技術指標都是必用的工具，但最受大眾歡迎且最容易使用的，一定是移動平均線（以下簡稱均線）。

3 均線組合，入市更可靠

我們經常聽到「出現黃金交叉要入市」，「黃金交叉」是指一條短期均線向上突破一條較長期均線（例如 10 日線突破 20 日線）；又或「出現死亡交叉要賣出」，「死亡交叉」是指一條短期均線跌破一條較長期均線（例如 10 日線跌破 20 日線）。

但用過這招的朋友都知道，由於均線有延遲性的缺點，所以黃金交叉經常失效，造成「高買低賣」的情況：

圖 4-4-1　中國中鐵（0390）日線圖

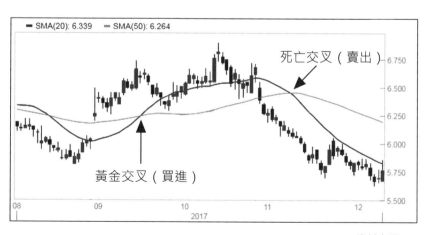

資料來源：aastock

因此要加強均線的可靠性，建議同時使用 10 日、20 日、50 日線，並滿足以下三大條件，才可確定為強力買進訊號：

- 條件 1：3 條均線呈多頭排列

當較短期均線排在上面，較長期均線排在下面時，是股價將上漲的預兆。尤其當股價連續 3 天以紅 K 棒站穩在 10 日線之上，同時成交量持續放大，買進的準確度會更高。

- 條件 2：股價向上突破 3 條均線

在下跌趨勢中，當跌勢減緩，甚至開始盤整或反彈時，如果 10 日、20 日及 50 日線之間出現黃金交叉，這將成為股價回檔時的支撐；股價若再突破 3 條均線，可確認下跌趨勢結束。

- 條件 3：3 條均線由糾結轉成向上

如果股價已盤整一段時間，3 條均線會糾結在一起，難以判斷未來的方向。但如果股價在長期下跌後的低檔區突破盤整格局，3 條均線逐漸由糾結轉成向上時，都會是中短線的買進時機。

圖 4-4-2　廣汽（2238）日線圖

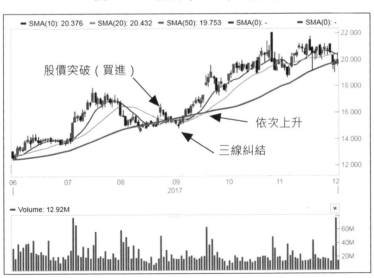

資料來源：aastock

網路上許多免費的看盤網站都設有均線系統，只要輸入需要的天數，相應的均線就會在股價圖內呈現。用戶只要多使用一條均線，就能從「黃金交叉」，「升級」至 3 線組合，操作上將會可靠得多，何樂而不為呢？

判斷中長期趨勢的可靠幫手：100 日線

　　以上提及的 10、20 日及 50 日線，主要是判斷股價的中短期趨勢，如果想知道中長期趨勢是否會逆轉，例如想從跌勢中搶反彈，就可參考 100 日線。

- 情況 1：跌落至 100 日線，且技術指標出現買進訊號＝反彈有力

圖 4-4-3　中國太平洋保險（2601）日線圖

資料來源：aastock

- 情況 **2**：跌破 **100** 日線，但一周內回升至線上＝反彈有力

圖 4-4-4　六福（0590）日線圖

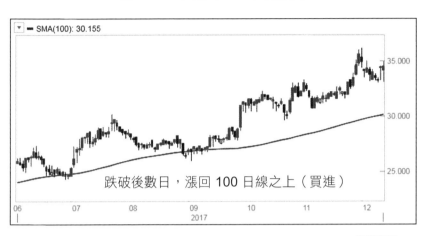

資料來源：aastock

　　然而，當股跌破 100 日線，而一周內無法反彈回去時，就預告中期跌勢開始，如果你有持股的話，都要及早忍痛停損。

圖 4-4-5　中國飛機租賃（1848）日線圖

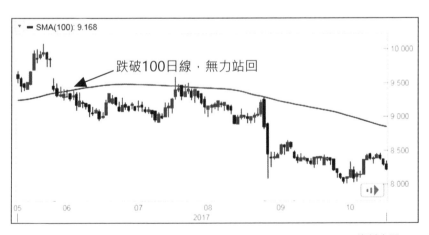

資料來源：aastock

　　除 100 日線外，150 日線亦可用於判斷中長期趨勢，用法與上述 100 日線接近，差別只在於 150 日線關注的趨勢時間較長。

「均線+趨勢線」，預測走勢更精準

雖然「均線」和「趨勢線」都是常用的技術分析工具，可惜多數人都分開使用，只要結合兩者，往往能判斷出更準確的趨勢預測，以下是一些簡單心得，供大家參考：

1. 當均線和趨勢線的角度同時向上，而 K 棒又在兩者之上時，可肯定為「上升趨勢」。

2. 當 K 線只跌破均線或趨勢線其中之一，「上升趨勢」可能尚未結束。

3. 當 K 線跌破均線和趨勢線時，「上升趨勢」應結束，這大多在技術型態的頭部出現。

4. 當均線和趨勢線的角度同時向下，而 K 線又在兩者之下時，可判定為「下降趨勢」。

5. 當 K 線只收在均線或趨勢線其中一個之上時，「下降趨勢」可能尚未結束。

6. 當 K 線收在均線和趨勢線之上時，「下降趨勢」應結束，這大多在技術型態的底部出現。

〖 4-5 用 MACD 與 RSI 判斷買賣時機 〗

除移動平均線外，MACD（Moving Average Convergence／Divergence，平滑異同移動平均線指標）和 RSI（Relative Strength Index，相對強弱指標）都是判斷趨勢的分析工具，許多免費股票分析網站都會提供，投資者在決定買賣前，可利用這些工具先分析個股。

MACD：進化版的平均線系統

先說 MACD，它是運用一條快速（短期）和一條慢速（長期）的移動平均線及其差價，加以雙重平滑運算，而發展出來的趨勢指標，好處是抹去了平均線系統頻繁發出的雜音（即「假的買賣訊號」），但同時保留了平均線的趨勢效果。

MACD 主要是透過快線（DIF）、慢線（MACD）和兩者的差值繪成柱狀圖，從兩條線交會的狀況，以及柱狀的正負值來判斷趨勢發展。

如何用快慢線判斷買賣點？

「買進」訊號：當快線（DIF）向上突破慢線（MACD）。

「賣出」訊號：當快線（DIF）向下跌破慢線（MACD）。

用柱狀圖判斷買賣點

「買進」訊號：當柱線值接近 0 時，柱線由負轉正。

「賣出」訊號：當柱線值接近 0 時，柱線由正轉負。

註：DEA（柱線值）＝DIF（快線）－MACD（慢線）

另外，如果發現 MACD 與股價呈背馳走勢，就是股價下跌，並創下近期的第二個或第三個低點，但 DIF 和 DEA 卻出現一浪比一浪高的走勢，這表示股價離低點愈來愈近了。反之，當股價持續上漲，但 DIF 和 DEA 卻出現一浪比一浪低的走勢時，就代表股價即將到頂了。

RSI：評估多空角力的強弱程度

RSI 的應用法則

1. RSI 通常以 50 為中線，大於 50 視為多方占上風，小於 50 則視為空方占上風。

2. RSI 在 80 以上形成雙頂或頭肩頂形態時，視為股價向下反轉的訊號。

3. RSI 在 20 以下形成雙底或頭肩底形態時，視為股價向上反轉的訊號。

4. 當股價持續下跌，但 RSI 不再創新低，並慢慢回升時，形成「正背離」，代表跌勢將近尾聲，可考慮逐步買進。

5. 當股價持續上漲，但 RSI 不再創新高，並慢慢下跌時，形成「負背離」，代表漲勢將到頂，可考慮逐步賣出。

　　RSI 除了會形成買賣訊號，亦可按不同周期的 RSI 來挑選強勢股，如果按時間長短的話，一般會先選擇月線，再選擇周線，最後才是日線，具體操作如下：

RSI 的選股步驟

　　第 1 步：將月線 RSI 大於 50 的股票找出來。

　　第 2 步：再將以上股票過濾，只要周線 RSI 大於 50 的股票。

　　第 3 步：最後找出 RSI 呈現上漲技術形態的股票

〚 4-6 各種 K 線組合背後的意義 〛

　　K 線是股市最常用的價格走勢工具，一根 K 線代表一日的價格行情，而且簡單易懂，非常實用。其結構包括：開盤價、收盤價、最高價及最低價。最高及最低價的差距影響 K 線的長度，畫成直線，然後找出當日開盤和收盤價，把兩個價位連接成一條長方柱體，柱體上方的直線為上影線，而下方的直線稱為下影線。假如當日收盤價較開盤價高，即開低走高，該日股價稱為「紅 K 線」；如果當日的收盤價低於開盤價，即開高走低，為「黑 K 線」。

圖 4-6-1　一根 K 線由 4 個價位組成

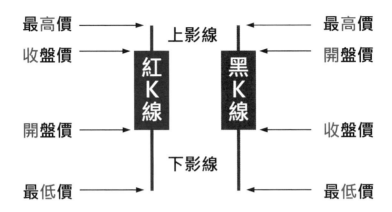

單根 K 線的形狀，一般可看出當日行情的多空角力情況；由連續 2 到 3 天 K 線組成的組合，則有助判斷價格的未來動向，尤其是由跌轉漲、由漲轉跌的變化。以下精選一些常見的 K 線單根形態／組合，並講解當中的涵義及需要注意的地方，供大家參考。

圖 4-6-2　長紅線

訊　號	強　度	K　線數目
買進	1 星	1 根

特點：

傳統定義上，長紅線是最基本的買進訊號，是指當日開低走高；但如果單靠一根 K 線便做出買賣決定，就未免太兒戲了。因為一根長紅線的出現，只表示當日股價強勢，並不代表未來能持續上漲。

同時要留意這根長紅線的位置，如果它出現在走勢的高檔或反彈浪高點，往往是股價見頂的訊號，如果這時直覺地以為長紅線出現就代表買進，結果就可能是買在高點，要被「套牢」了。

因此當在股價低檔或在漲勢中出現的長紅線，特別是突破底部形態，才是買進訊號。

重點提示：

1. **相對強弱**：無上下影線的長紅線是比較強的上漲訊號，代表後市看好。帶有上影線的長紅線則要特別留意，因為這保留了空方攻擊過的痕跡，代表高點有一定賣壓，空方並非完全沒有抵抗力。

2. **出現位置**：低檔出現的長紅線通常都是比較確定的買進訊號。經過一段時間築底後，主力多數會以長紅線宣告拉升開始，以吸引更多市場

資金追捧，持續漲勢。另外，在進入拉升階段之前，主力會千方百計洗盤，力圖以低價嚇跑散戶，所以長紅線的出現往往是洗盤結束、重新上漲的訊號。

3. **重要支撐**：長紅線出現的位置同樣可視為重要的支撐，而支撐的強度則視股價的回檔幅度。如果回檔到長紅線的中點以上，屬於強勢支撐，多方的承接盤偏強；如果回調到長紅線中點以下到開盤價之間，則承接盤偏弱。如果跌破長紅線的開盤價（甚至最低價），則代表走勢轉弱，是時候賣出了。

4. **成交量**：分析 K 線最易誤解的，是以為只看股價走勢就夠了；事實上，配合成交量判斷 K 線，才是最佳的方法。當股價大幅拉升後伴隨巨大成交量的長紅線出現，往往是股價見頂的訊號，這表示主力正瘋狂出貨離場；而在上漲途中配合溫和成交量的長紅線，則意味籌碼穩定，後市續漲機會大。至於在高點或跌勢出現的縮量長紅線，就有虛漲的嫌疑，可能是主力用少量籌碼拉升股價，製造續漲假象來誘惑散戶，投資者就要小心。

圖 4-6-3　長黑線

訊　號	強　度	K　線數目
賣出	1 星	1 根

特點：

　　和單根長紅線的情況一樣，單根長黑線雖然是傳統的賣出訊號，意味空方勢力正旺，後市會繼續下跌，尤其是處於高點或跌破盤整形態的長黑線，往往會帶來迅速而猛烈的跌勢。

　　不過，大幅下挫後的長黑線可能是加速見底、空方衰竭的現象，反而成了有利多方的買進訊號。因此不能以一根長黑線就斷定為賣出的指標。

重點提示：

1. 相對強弱：沒有上下影線的長黑線具有非常強大的殺傷力，而帶有較長下影線的長黑線則下跌威力稍弱，表示低檔有一定承接盤，屬多方的防線。而帶有上影線則代表多方進攻失敗，走勢偏弱。

2. 出現位置：如果在上漲末期出現明顯的長黑線，往往是走勢反轉的訊號，須及早離場。在高點或下跌途中的盤整期間，出現長黑線跌破盤整形態的頸線，都是典型的起跌點，也是標準的賣出訊號。

　　如果在上漲途中出現長黑線，則可能是主力洗盤，反而是趁低布局的良機。而大幅下跌後的長黑線則意味空方將衰竭，就要密切關注止跌

訊號的出現。

跟長紅線的情況一樣，不是所有長黑線都有明確的操盤意義，單根的長黑線可能只是象徵下跌，很難證明是頭部或底部，無法判定可以抄底或高點反轉。

3. **重要壓力**：長黑線一旦形成，就很容易成為後續反彈的壓力。當股價反彈到長黑線中點以上位置時，必定會引來許多賣盤，賣壓必然巨大，股價很可能會就此向下。

所以未來要特別關注走勢是否突破這壓力，例如股價是否漲過這根長黑線的最高價。由於這個點位是空方當時發起攻擊的位置，自然也是之後空方固守的最後防線，是最重要的壓力。

4. **成交量**：在高點出現巨額成交量的長黑線，是主力出貨的表現，投資者應馬上離場。而低檔出現低成交量的長黑線則可能是誘空，或許將出現逆轉向上的走勢。縮量的長黑線並不意味空方衰竭，只代表承接力弱。總而言之，長黑線的出現不代表持續弱勢，後市走勢須配合成交量進一步觀察。

圖 4-6-4　十字線

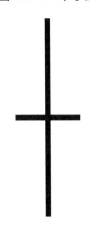

訊　號	強　度	K　線數目
暫時觀望	1.5 星	1 根

特點：

由於當日開盤價與收盤價非常接近，形成一條純粹的橫線。由於上下影線長短不同，十字線可衍生出四種常見形態，分別是：十字線、長十字線、T 字線、倒 T 字線。

重點提示：

1. **十字線形態**：十字線、T 字線、倒 T 字線都具有強烈的反轉訊號，而長十字線則有多空僵持的含意。

2. **走勢反轉後成支撐／壓力**：十字線在低檔表示下跌動能已近衰竭，後市很可能反轉向上。一旦反轉成功，十字線的最低價就是有效的支撐，後市可以做為停損點。反之，在高點出現十字線並走勢反轉後，十字線的最高價就是壓力，如後市能突破這壓力，則表示多方勢頭強勁，投資者可買回。

3. 出現位置：在高點和低檔出現的十字線都有反轉的意義，代表行情膠著後的變化即將出現。而在上漲和下跌途中的十字線只是過渡的訊號，代表短期內仍會維持原來的走勢。在實際操作中，十字線是反轉還是過渡的訊號，都需要後市確定，不能以單一的十字線判斷。

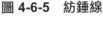

圖 4-6-5 紡錘線

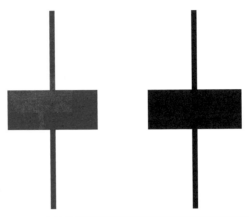

訊　號	強度	K 線數目
暫時觀望	0.5 星	1 根

特點：

　　超短的黑 K 線或紅 K 線配合一定長度的影線，稱之為紡錘線，顯示股價漲跌程度有限，多空雙方僵持不下，行情處於膠著的狀態，類似十字線的情況。但要注意的是，膠著狀態並不代表市場氣氛極度渙散，這也許是爆發某個明確方向的前奏。所以即使多空角力平靜，走勢未見明朗，都要留意後市的瞬間變化。

重點提示：

1. **把紡錘線連接起來**：紡錘線的走勢非常沉悶，有可能會盤整一段很長的時間，但最終都會選擇方向，只有選對方向才有操作的價值。因此，雖然單根紡錘線的指標性不大，但「團結就是力量」，當一段時間持續出現紡錘線時，只要把它們連接起來看，往往都會發現明顯的趨勢，這對後市走向都有進一步的預告。

2. **出現位置**：在高點出現的連續紡錘線，表示上漲動能正逐漸衰減，後市可能逆轉向下；在低檔的連續紡錘線，則有震盪築底的作用，後市可能反轉向上；而在上漲或下跌途中的連續紡錘線，多數只代表維持原來的趨勢。

圖 4-6-6　錘子線

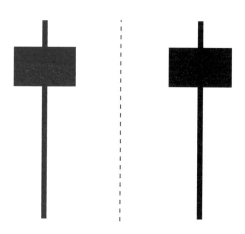

訊　號	強　度	K　線數目
買進	2 星	1 根

特點：

　　當一連串下挫後，最後出現一根長下影線的 K 線試探低點，稱為「錘子線」。通常下跌一個月之後出現錘子線，就可能是反跌為漲的先兆。

　　錘子線需要較長的下影線，至於是黑 K 線還是紅 K 線不必過於拘泥，如果是紅 K 線的話就更能體現多方的反擊實力。為何連續下跌後的錘子線有止跌意義？因為錘子線的下影線表示空方在打壓過程中逐漸衰竭，導致多方大力反擊，最後股價大幅拉高。這雖然是趨勢逆轉的特徵之一，但是否底部進場則須進一步確認。

重點提示：

1. 位置決定成敗：當錘子線在支撐區或超跌區出現，探底成功的機會極大。可以透過形態分析或黃金分割率預測下跌目標價，一旦在下跌目標價附近出現錘子線，很可能是止跌回升的訊號。

2. **設停損點**：根據經驗，縱使經常會看到下跌途中出現「長下影線的 K 線」，但並不能表示它就是錘子線。錘子線只是反映多方反擊漸露曙光，能否完全逆轉，仍須後市確認。因此根據錘子線買進需要設好停損點，停損點就是錘子線的最低點，一旦跌破就表示跌勢持續。

圖 4-6-7　流星線

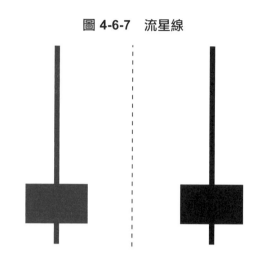

訊　號	強　度	K　線 數 目
賣出	2 星	1 根

特點：

走勢連番上漲後，最後出現一根長上影線的 K 線，稱為「流星線」，這可能是下跌的前兆，所以隔日的走勢須密切留意。

流星線需要較長的上影線，表示多方在攻頂時出現賣壓，最後股價被大幅拖低。這雖然是趨勢逆轉的特徵之一，但是否見頂，則須後市進一步確認。

重點提示：

1. **位置決定成敗**：當流星線在壓力線出現時，股價見頂的機會極高，隨時要分批出貨，免得突然大跌使獲利大減，甚至出現虧損。

2. **設停利點**：永遠不要相信能賣在最高點，如出現流星線後的 1 到 2 天，股價下跌並出現大成交量，要小心是大戶出貨的警訊。

圖 4-6-8 曙光初現

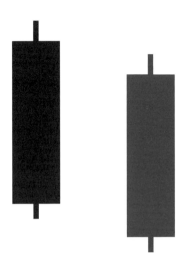

訊 號	強 度	K 線數目
買進	1.5~2 星	2 根

特點：

　　出現黑 K 線後，次日股價收紅 K 線，且收在首日的黑 K 線之中。如次日的紅 K 線收得愈高，代表多方攻勢愈大，如接近首日黑 K 線的開盤價位置，則表示多方占優勢，應轉賣為買。

重點提示：

1. **黑 K 線覆蓋的強度**：此 K 線組合的威力，視次日紅 K 線覆蓋黑 K 線的比例而定，並以首日黑 K 線的中點為基準。如次日股價收於首日黑 K 線中點以上，表示多方勢強，跌勢隨時逆轉。如果次日股價收於首日黑 K 線中點以下，表示多方還沒完全掌控局勢，須進一步觀察。

2. **出現位置**：此組合如在低檔出現，多數是走勢轉好的起點，投資者可考慮加碼，趁低檔布局。

圖 4-6-9　烏雲罩頂

訊 號	強 度	K 線 數 目
賣出	1.5~2 星	2 根

特點：

　　首日出現紅 K 線後，次日股價高開低收見黑 K 線，且收在首日的紅 K 線之中。如次日的黑 K 線收得愈低，代表賣壓愈大，如接近首日紅 K 線的開盤價位置時，則表示市場賣壓甚大，應轉買為賣。

重點提示：

1. **黑 K 線覆蓋的強度**：此 K 線組合的威力，要視次日黑 K 線覆蓋紅 K 線的比例而定，並以首日紅 K 線的中點為基準。如次日股價收於首日紅 K 線中點以下，表示空方勢強，必須賣出。如果次日股價收於首日紅 K 線中點以上，表示空方還沒完全掌控局勢，必須進一步觀察。

2. **出現位置**：此組合如在高點出現，多數是走勢逆轉的起點，投資者要考慮減碼，甚至賣出離場。如在上漲途中出現，往往是主力洗盤，投資者須密切關注洗盤結束的訊號，伺機進場。

圖 4-6-10　子母線

左（1）是多頭子母，屬於買進訊號
右（2）是空頭子母，屬於賣出訊號

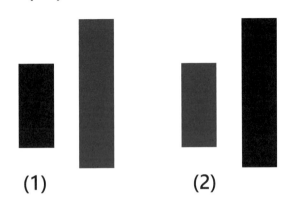

(1)　　　　　　　　　(2)

訊　號	強　度	K　線　數　目
買進／賣出	2 星	2 根

特點：

　　當翌日的長紅線將前一日的小黑（紅）K 線環抱住，就是極佳的買進訊號，當這組合在低檔出現時可買進。反之，當翌日的長黑線將前一日的小黑（紅）K 線環抱住，就是極佳的賣出訊號，在高點出現時可拋售。

　　所謂的子母線，即組合排列上先子後母（先短線後長線，並由長線環抱住短線）。一般來說，「多頭子母」代表多方強勢，後市看漲；而「空頭子母」則相反，代表空方強勢，後市看跌。

重點提示：

1. **出現位置：**高點超買區的「空頭子母」常常是股價見頂的訊號，而低檔超賣區的「多頭子母」則多數是見底的訊號。

2. **成交量：**當高點伴隨巨額成交量的「空頭子母」通常是股價見頂的訊號，而低檔低量的「多頭子母」很可能是主力開始布局的現象。

圖 4-6-11　母子線

左（1）是多頭母子，屬於買進訊號
右（2）是空頭母子，屬於賣出訊號

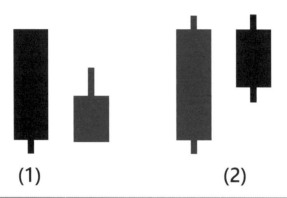

(1)　　　　　　　　　　　　(2)

訊　號	強　度	K　線數目
買進／賣出	2 星	2 根

特點：

　　母子線組合形態是子母線的相反，先母後子（先長線、後短線），亦即翌日的 K 線從前一日的 K 線中孕抱而出。

　　如果子線處於母線稍高的位置則稍強，在母線的中點或下端則稍弱。另外，子線愈短愈龜縮在母線體內，走勢逆轉的可能性就愈大。

重點提示：

1. 出現位置：高點出現的「空頭母子」表示做多的動能逐漸衰竭，後市將反轉下跌。反之，低檔的「多頭母子」表示下跌動能逐漸耗盡，後市將反轉上行。

2. 須確定後市走勢：母子線的出現不一定會導致走勢逆轉。例如，高點「空頭母子」的位置如果超過前一日紅 K 線的最高價，則表示上漲趨勢不變。而低檔的「多頭母子」如果之後再創下新低，則跌勢仍會持續。

圖 4-6-12　跳空缺口

訊　號	強　度	K 線數目
買進／賣出	2 星	2 根

特點：

　　跳空缺口屬於極端的走勢，表示成交的走勢非常強烈。上漲跳空缺口的突破，具有明顯的操作意義，可以積極跟進。而下跌跳空缺口的跌破，則是凌厲的殺跌走勢，必須賣股出場。

　　不過要強調的是，突破盤整走勢的跳空缺口才具有積極的操作意義，一般的跳空缺口並沒有多大的價值。

重點提示：

1. **跳空缺口的種類**：有突破缺口、中繼缺口和竭盡缺口。對投資者而言，突破缺口的作用最大，可以提供明確的操作提示。向上突破盤整的跳空缺口是買進時機，而向下跌破盤整的跳空缺口，則必須停損。

2. **支撐及壓力作用**：跳空缺口是一段交易的空白，如果在上漲趨勢中出現向上的跳空缺口，顯然是多方搶貨的結果，對未來將產生很強的支撐作用。相反，在下降趨勢中出現向下的跳空缺口，必然鎖定大批的套牢量，對未來產生巨大的壓力。跳空缺口的支撐和壓力在沒有回補的情況下會一直存在，一旦回補則轉向中性走勢。

圖 4-6-13　紅三兵

訊　號	強度	K 線數目
買進	1.5 星	3 根

特點：

紅三兵是指連續出現三根紅 K 線的組合，但實際意義不大。

重點提示：

1. **出現位置**：低檔的紅三兵是上漲的預兆，投資者可分批加碼。而高點出現紅三兵，可能會很快出現回檔，這時可先出場再進一步觀察。

2. **留意壓力**：如紅三兵在重要壓力點位出現，應繼續觀察一兩天，如未能突破壓力，股價可能會下修一段時間。

圖 4-6-14　黑三兵

訊號	強度	K 線數目
賣出	1.5 星	3 根

特點：

黑三兵是指連續出現三根黑 K 線的組合，但實際意義不大。要特別注意的是，當在連續上漲走勢的最上端出現黑三兵，不久後將會出現大幅崩跌，甚至會一連下挫一個月。

重點提示：

1. **出現位置**：高點的黑三兵是崩盤前兆，投資人應及時離場。而下跌尾聲的黑三兵則代表做空動力正在衰減，股價很可能就快見底。

2. **留意支撐**：如黑三兵在重要支撐點位出現，應繼續觀察一兩天，萬一在低檔跌破支撐，黑三兵就不是見底的訊號了。

圖 4-6-15　晨星

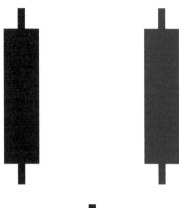

訊　號	強　度	K　線數目
買進	3 星	3 根

特點：

在下跌的過程中空方攻勢強勁，長黑線後出現跳空缺口低開，以十字線收盤，代表多空雙方在伯仲之間，而隔日見長紅線，確認多空雙方勢力逆轉，有黑夜中破曉的意味。

晨星的形成，是由跌到漲三日完成逆轉，而且逆轉上漲的機會極高，是典型的買進訊號。

重點提示：

1. **紅 K 線的長度**：如果第三日伴隨著跳空缺口出現的長紅線，長度超過第一根黑 K 線的最高價，代表多方已完全掌握局勢。如果長紅線帶有上影線，則攻擊力會稍差。

2. **留意支撐**：如果晨星在重要支撐出現，更能確認逆轉成功。如果在上漲途中出現晨星，可能是洗盤結束後再度啟動漲勢，可積極跟進。

圖 4-6-16　夜星

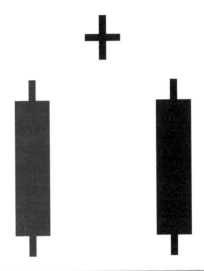

訊　號	強　度	K　線數目
賣出	3 星	3 根

特點：

夜星是短線急劇反轉的典型形態。第一日大漲，隔日延續強勢，跳空開高，但隨後被空方狙擊，最後收成十字線，多空雙方勝負未分。第三日則跳空開低，並收長黑線，表示空方氣勢如虹，多方潰不成軍。這時投資者只能在進一步跌勢出現前，盡快離場。

重點提示：

1. **黑 K 線的長度**：如果第三日伴隨著跳空出現的長黑線，長度超過第一根紅 K 線的最低價，代表空方已經成功反擊。如果長黑線帶有下影線，則攻擊力稍差。

2. **留意壓力**：如果在重要壓力點位出現，更能確認股價將出現高點。

〖 4-7 買進前為何要分析股價趨勢？〗

雖說「價值只會遲到，不會缺席」，但公司業績只是股價的一個支撐點，而股價有超前和延滯性，不是基本面好的公司股價就會立即上漲。

「順勢操作」是趨勢交易的最大原則，當你決定買進前，必須以技術分析確認股價趨勢是否持續向上；另一方面，就算該股基本面很好，但技術面很可能下跌的話，還是不碰為宜。以下介紹趨勢交易的基礎概念和簡單實用的買賣判斷工具：

解讀趨勢

趨勢的方向

簡而言之，趨勢就是市場的運行方向。市場的運行軌跡就像一系列的運動波浪，有明顯的「波峰」和「波谷」，兩者依次上升或下降，形成市場的運動方向，進而構成市場的趨勢。

基本上，趨勢的方向只有三種：上升、下降和持平。因此我們可以把依次上升的波峰和波谷稱為「上升趨勢」；依次下降的波峰和波谷稱為「下降趨勢」；依次橫向延伸的波峰和波谷稱為「盤整趨勢」。

圖 4-7-1　上升趨勢

資料來源：aastock

買賣方法：

　　當價格被逐漸推高，形成一個低點高於前一個低點，一個高點高於前一個高點時，就是上升趨勢，這時候就以買進為主。當價格創新高後，回落至波谷時，就是買進的時機。

圖 4-7-2　下降趨勢

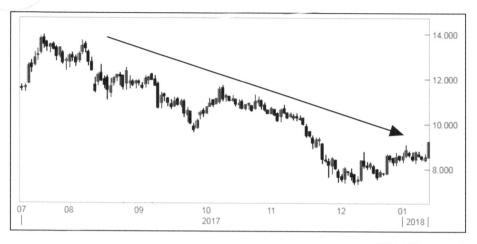

資料來源：aastock

買賣方法：

　　跟上述情況相反，當價格被逐漸壓低，形成一個低點低於前一個低點，一個高點低於前一個高點時，就是下降趨勢，這時候就以賣出為主。當價格每次反彈時，就是賣出的時機。

圖 4-7-3　盤整趨勢

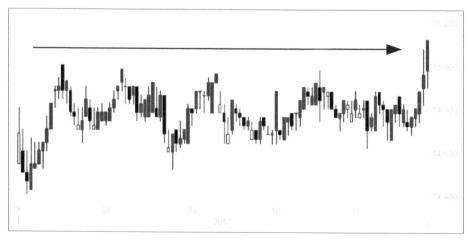

資料來源：aastock

買賣方法：

由於這是無趨勢的市場，因此最佳的買賣方法，就是當價格漲至高點賣出，回落至低檔再買進，進行短線的低買高賣。

趨勢的類型

趨勢可分為三種：

- 長期趨勢：長達 1 年或以上的趨勢。

- 中期趨勢：3 個月至半年的趨勢。

- 短期趨勢：幾個交易日或幾周的趨勢。

所謂長短都是相對而非絕對，每個趨勢都是更長期趨勢的一個組成部分，同時也是由更短期的趨勢構成。

趨勢線

趨勢線畫法

趨勢線是投資者最常用且最易製作的分析工具，作用就是將以上提及的趨勢更「視覺化」，方便進行買賣操作。在上漲趨勢裡，將低點連結，就會形成一條向上傾斜的直線，稱為「上升趨勢線」。

圖 4-7-4　上升趨勢線

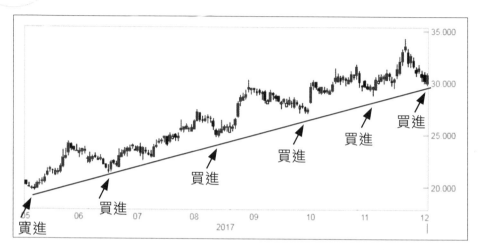

買賣方法：

　　上升趨勢線發揮支撐的作用，如果趨勢線作用顯著時，當股價跌至趨勢線附近時，都是順勢買進的良機；但萬一上升趨勢線失守，就必須賣出。

圖 4-7-5　下降趨勢線

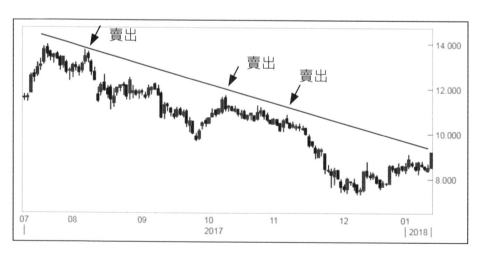

在下降趨勢裡，將高點連結，就會形成一條向下傾斜的直線，稱為「下降趨勢線」。

買賣方法：

下降趨勢線是每次反彈的壓力，如果趨勢線作用顯著時，當每次反彈至趨勢線附近時，都是順勢賣出的良機；若下降趨勢線被突破，就是買進的時機。

趨勢線特點

趨勢線連接的點數愈多，作用就愈大。趨勢線愈長，作用就愈明顯；而點與點之間的距離愈遠，作用性愈高。

趨勢通道

趨勢通道畫法

通道可說是趨勢線的延伸版本，是由兩條平行的趨勢線組成，分為「上升通道」及「下降通道」。

在上升趨勢中，先沿著低點畫出基本的趨勢線，然後從第一個明顯的波峰出發，畫一條與基本趨勢線平行的直線，這兩條直線均向右上方伸展，構成一條通道，這就是「上升通道」。

圖 4-7-6　上升通道

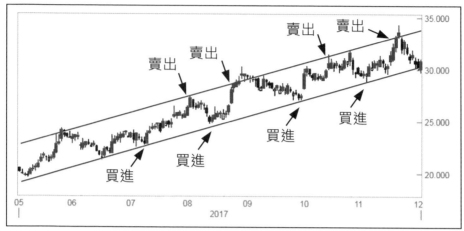

買賣方法：

　　在上升通道裡，當價格回落至通道下線附近時，是買進的時機；當價格接近通道上線時，便應暫停買進。如果你是短線投資者，可在接近通道上線時賣出，先行獲利，待回落至下線時再買進。而當價位跌破通道下線時，便要停損離場。

圖 4-7-7　下降通道

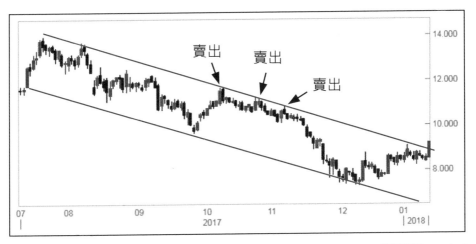

資料來源：aastock

在下降趨勢中，先從高點連結趨勢線，然後從第一個明顯的低點出發，畫一條與基本趨勢線平行的直線，這兩條直線均向右下方伸展，構成一條通道，這就是「下降通道」。

買賣方法：

在下降通道裡，當價格回升至上線附近時，是賣出的時機；當價格接近通道下線時，則可停止賣出。由於價格被逐漸壓低，即使再次回升至通道上方，價位也會比前次高點低，所以不宜在下降通道做多，有持股者只宜在通道頂賣出。當價格突破通道頂壓力線，站穩後買進較有利。

支撐和壓力

支撐

一系列向上反彈的低點或趨勢中的波谷稱為「支撐」，在支撐區中，多方購買力較強，足以抵抗空方的壓力，使價格在此區間止跌，甚至向上反彈。因此當向上反彈的低點形成後，就可以確認該區為支撐區。

137

圖 4-7-8　支撐

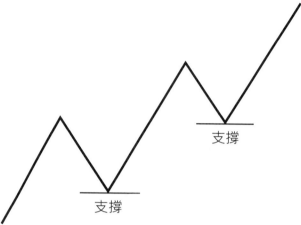

壓力

　　與支撐相反,將依次受阻回落的高點或波峰稱為「壓力」。在壓力區,空方的賣壓擋住了多方的買盤,使價格由上漲轉為下跌,形成壓力。

圖 4-7-9　壓力

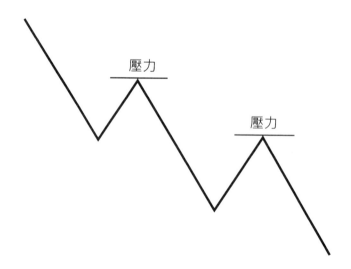

應用：

在上升趨勢中，支撐會發揮主要作用，壓力次之。當價格回落至支撐區時，便會止跌，然後漲至上一次的高點，並不斷創出新高。

圖 4-7-10　上升趨勢看撐不看壓

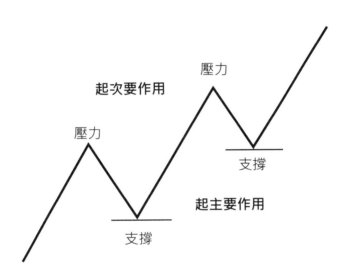

相反的，在下降趨勢中，壓力發揮主要作用，支撐次之。當價格由高點回落，並向上反彈時，在壓力區受阻又下跌。若跌破前一次支撐，則會創出新低。

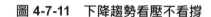

圖 4-7-11　下降趨勢看壓不看撐

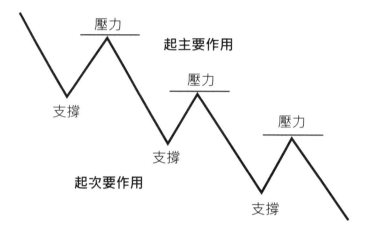

在上升趨勢中，當壓力被突破後，就會變成支撐。

圖 4-7-12　壓力突破變支撐

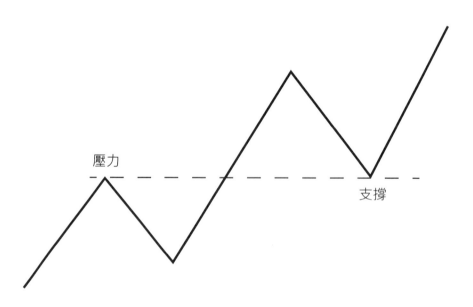

在下降趨勢中，當支撐被跌破後，就會變成壓力。

圖 4-7-13　支撐跌破變壓力

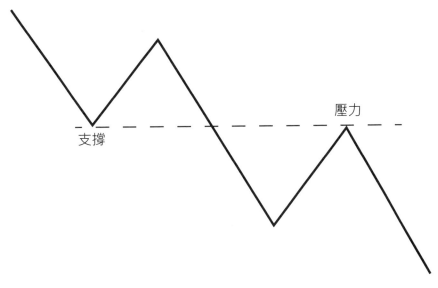

買賣方法：

在上升趨勢中，當價格回落至支撐區時，是買進機會。在價格到達壓力區時，可部分獲利了結，等回落後再買進，且不可在壓力區放空。因在上升趨勢中，價格總是不斷創新高，假若逆勢放空，就違背了順勢而行的交易原則，風險會很大。萬一跌破前期低點，則必須賣出。

圖 4-7-14　上升趨勢跌破前低賣出

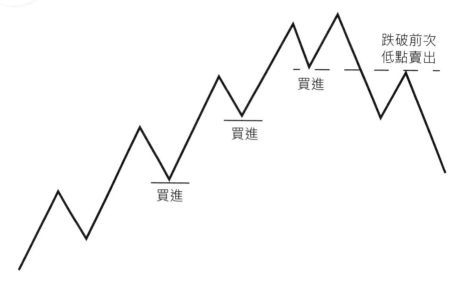

跌破前次
低點賣出

買進

買進

買進

　　在下降趨勢中，當價格反彈至壓力區時，是賣出或放空的機會。當價格由下跌中途反彈，不宜買進，因為在下降趨勢中，價格不斷創新低。假若價格能夠突破前次高點，便可考慮買回。

圖 4-7-15　下降趨勢突破前高買進

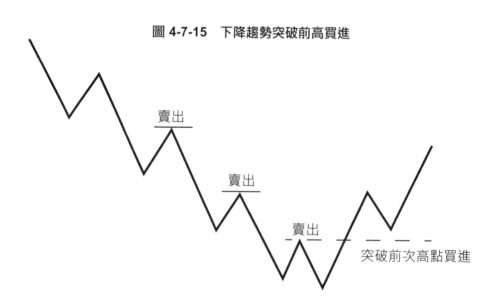

賣出

賣出

賣出

突破前次高點買進

〖 4-8 K 線形態如何顯示多空角力？〗

　　要觀察中長線的趨勢發展，只要把一定時間內的 K 線連在一起，組成一條上下波動的「曲線」，包含的訊息會更全面。

　　K 線形態就是透過股價走過的軌跡（曲線），分析多空雙方在一段時間內的角力情況，從而了解股價未來的方向、壓力與支撐。形態有很多種，而且可應用在月線、周線、日線甚至是分鐘線上（通常時間愈長，準確度愈高），以下介紹一些常見的形態：

上升通道 vs. 下降通道

圖 4-8-1　上升通道

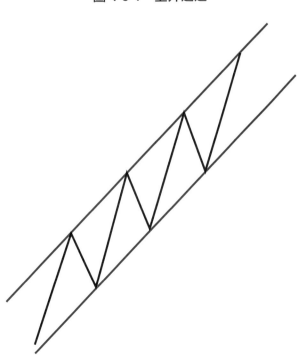

圖 4-8-2　下降通道

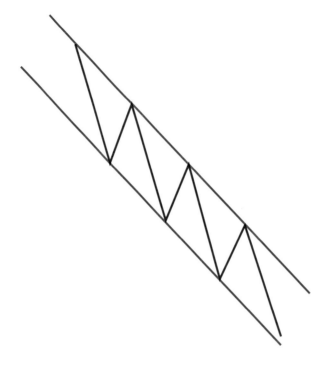

特點：

　　上方的趨勢線為壓力線，下方的趨勢線是支撐線，兩條平行線把股價曲線包住，形成一條通道。

1. 上升通道：

　　股價走勢向上，形成上升通道，可於回檔至上升通道下軌時買進。

2. 下降通道：

　　股價走勢向下，形成下降通道，可於反彈至下降通道上軌時賣出。

重點提示：

1. 趨勢線被觸及的次數愈多，延續的時間愈長，代表趨勢被認可的程度愈高。

2. 當股價突破通道的高點，屬於買進訊號；跌破通道的低點，則屬於賣出訊號。

3. 如果股價在一次波動中未能觸及趨勢線，離很遠就開始掉頭，這往往是趨勢改變的訊號，代表市場已沒有力量維持原有的趨勢。

上升旗形 vs. 下降旗形

圖 4-8-3　上升旗形與下降旗形

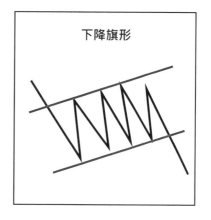

特點：

旗形通常會在波動的走勢出現，當股價經過一連串的密集波動，就會形成一個與原來趨勢相反方向的長方形。

1. 上升旗形：

當股價急漲後，出現一個向下的密集區，把密集區的高點和低點分別

連接起來，畫出兩條平行而向下的直線，形成上升旗形。出現旗形後，股價會向上突破密集區，這時是買進的好機會。

2. 下降旗形：

當股價急跌後，出現一個上傾的密集區，便是下降旗形。出現旗形後，股價會向下跌破密集區，這時就應該要賣出了。

重點提示：

1. 上升旗形多數會在牛市第三階段出現，暗示漲勢即將結束；而下降旗形則大多數在熊市出現，顯示將出現恐慌式下跌。

2. 在旗形的末端，無論是上升或是下降旗形，往往會伴隨成交量增加。

上升三角形 vs. 下降三角形

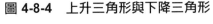

圖 4-8-4　上升三角形與下降三角形

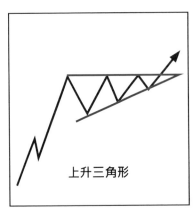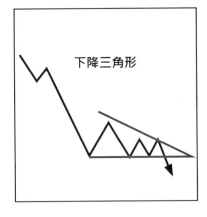

特點：

三角形的情況跟旗形類似，股價同樣會進入一個密集區，差別在於股價震盪幅度會愈來愈小，趨勢線形成三角形，當股價走入三角形尖端時，

表示盤整階段結束。

1. **上升三角形**：在持續升勢後會進入密集區盤整，當股價漲至某一區間即有強大壓力，但下方的支撐卻不斷上移，代表多方力量漸強，走到三角形末端時，股價預期會向上突破。

2. **下降三角形**：在持續跌勢後會進入密集區盤整，當股價跌至某一區間即有強大支撐，但上方的壓力卻不斷下移，代表賣壓漸大，當走到三角形末端時，股價預期會向下續跌。

　　重點提示：

1. 上升三角形最常在漲勢中出現，屬利多的整理形態；而下降三角形則多數在跌勢中出現，屬利空的整理形態。

2. 當走到上升三角形尖端，向上突破時，如果沒有伴隨成交量放大，小心是「假突破」，股價可能會很快會回到密集區內。

頭肩頂 vs.頭肩底

圖 4-8-5　頭肩頂

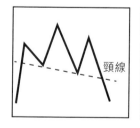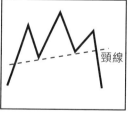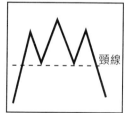

圖 4-8-6　頭肩底

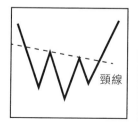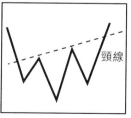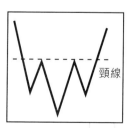

147

特點：

頭肩形態在 K 線形態中最常出現，因為多空雙方都經過長時間的角力，某一方的氣勢漸明朗，所以是可靠的反轉突破形態。

1. 頭肩頂：

由左肩、頭、右肩三個不同的高點組成，各階段的支撐便形成頸線。左肩成交量最大，頭部次之，右肩較小。當股價跌破頸線，會出現既急且大的跌幅。

2. 頭肩底：

為頭肩頂的相反，由左肩、底、右肩三個不同的低點組成，把壓力連成一條直線為頸線。當股價突破頸線，會出現較大的漲幅。

重點提示：

1. 漲幅／跌幅計算：由突破頸線的位置加上從頭部到頸線的距離。

2. 頭肩頂完成後，向下跌破頸線時，即使成交量沒有放大，仍是有效跌破；但如頭肩底向上突破頸線時，沒有伴隨較大的成交量，則可能是「假頭肩底」形態了。

M 頭 vs.W 底

圖 4-8-7　M 頭與 W 底

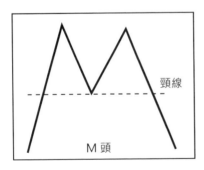
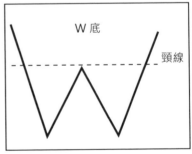

特點：

M 頭與 W 底同樣是重要的轉勢形態，與頭肩形態相比，沒有了頭部，由兩個基本等高的峰或谷組成。

1. M 頭：

當股價連續兩次上漲至一定價位時停滯不前，就會出現 M 頭，反映後市偏空。當股價跌破頸線，多數是跌勢的開始。

2. W 底：

股價格連續兩次跌至一定價位時，不再下跌，形成兩個低點，反映由空轉多。當股價突破頸線，並配合大成交量，通常是漲勢的開始。

重點提示：

1. 漲幅／跌幅計算：由突破頸線的位置加上由高點／低點到頸線的距離。

2. M 頭向下跌破頸線時，未必會有大成交量，但日後繼續下跌的話，成量必然擴大。而 W 底向上突破頸線時，必須有大成交量配合，否則可能是「假突破」。

三重頂 vs. 三重底

圖 4-8-8　三重頂與三重底

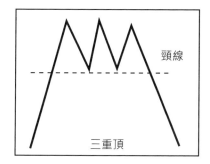
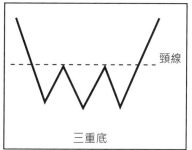

三重頂　　　　　　　三重底

特點：

與頭肩形態的區別在於，頭部的價位回縮至與肩部相當的位置；而走勢上則比雙頂「折騰」，因為共有三次接觸高／低點。由於高點與高點，低點與低點間均相隔一段距離，所以每出現一次高點或低點，就需要一段時間整理。

1.三重頂：

在漲勢中，由三個相近的高點組成。由於三次攻頂不成，多方信心開始動搖，加上資金將耗盡，當股價跌破頸線時，將是反轉下跌的開始。

2.三重底：

在跌勢中，由三個相近的低點組成。同樣的，當空方三次破底不成，資金即將耗盡，就是多方反擊的開始，當股價突破頸線時，漲勢會持續一段時間。

重點提示：

1. 漲跌幅度的計算方法，與 M 頭及 W 底相同。

2. 當三重頂中第三個頂的成交量偏低時，是明顯的下跌預兆；而三重底的第三個低點完成後，股價上漲，並配合成交量大增，表示股價將突破頸線上漲。

3. 由於三重頂／三重底的形成時間較長，投資者必須要有耐性，等待形態確認後再做買賣決定，不要急於進出，浪費交易成本

圓形頂 vs. 圓形底

圖 4-8-9　圓形頂與圓形底

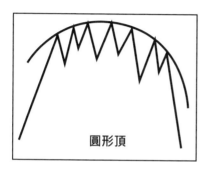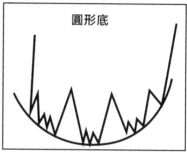

特點：

　　當股價進入整理期，多空雙方短兵相接，力量的轉變是漸進的，從漲至跌或從跌至漲的過程，呈現拋物線，就是圓形頂／圓形底。

1. 圓形頂：

　　在前半段，股價會以弧形上升，但成交量會逐漸減少；當股價緩升至相當價位時，上下波動幾乎呈水平狀態，而且成交量極小；隨後股價會緩慢下跌，成交量亦會開始上升，形成圓形頂的後半段。形態完成後，股價的趨勢多數是下跌。

2. 圓形底：

　　在前半段，股價會以弧形下跌，而成交量會逐漸減少；當股價緩跌至相當價位時，上下波動幾乎呈水平狀態，而且成交量極小；隨後股價會緩慢回升，成交量亦會開始上升，形成圓形底的後半段。形態完成後，股價的趨勢多數是上漲。

重點提示：

1. 圓形頂／圓形底的頂點，時間可長達一至兩個月。

2. 圓形頂／圓形底的前半階段與後半階段所用的時間相近。如漲勢過急，便會破壞了形態，形成假訊號。

〖 4-9 如何增加「抄底」的勝算？ 〗

趨勢交易主要有兩大操作：「順勢買進」及「抄底搶反彈」。順勢買進的技術含量比較低，就是在漲勢中買進。但股價愈高愈買（即所謂「追高」），有違人類的經濟行為；相比之下，「抄底」是散戶最常用的手法，因為股價已經很低，所以感覺「最安全」。

然而，「抄底」和「抄底成功」是兩碼子的事，不少散戶都有愈抄愈低的情況，因此本篇將介紹 4 招買進技巧，增加「抄底」的成功率。

技巧 1：潛伏底 ＋長紅線＋ 大成交量突破

潛伏底多數會在低價股出現，一般是因為公司前景缺乏吸引力，成交量極少，股價無法出現大幅波動。持股者找不到拋售的理由，有意買進者又沒有立即買進的需要，於是股價只能小漲小跌，逐漸被人遺忘。但最終會突破，並伴隨放大的成交量，股價大幅上揚。

潛伏底的完成時間較長，少則幾星期，多則數月，買進時間過早，則等待期愈長。因此最佳的買進點是，放量向上突破之時。由於形成時間較長，一旦爆發上漲，空間都很大。

圖 4-9-1　國藝娛樂（8228）日線圖

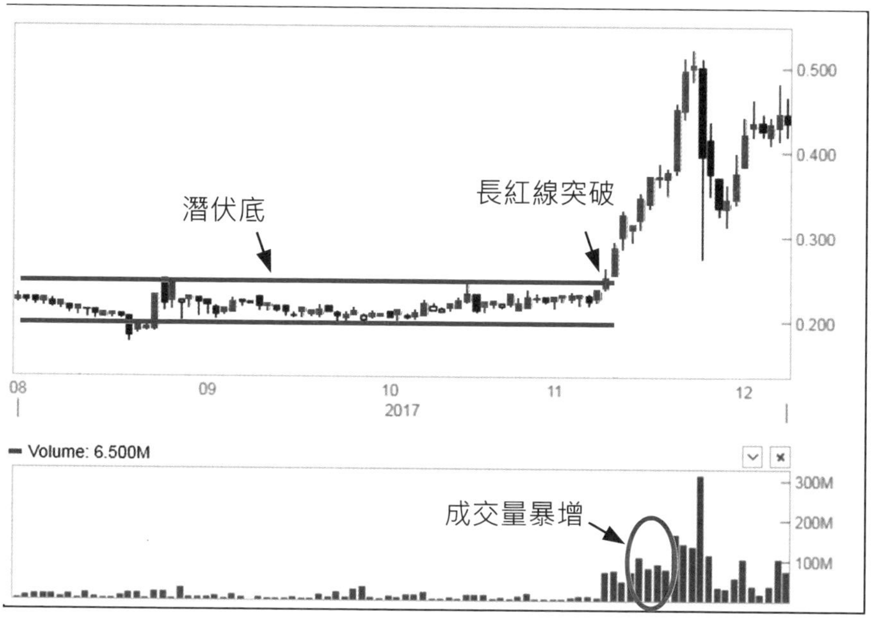

潛伏底

長紅線突破

成交量暴增

技巧2：圓形底 ＋ 長紅線 ＋ 大成交量突破

圓形底形態相當容易辨識，而且形成時間較長，股價未來漲幅也較大。

圓形底是股價在經過一段時間的快速下跌後，空方力量減弱，股價跌速明顯減慢，成交量也遞減，使股價難以深跌。隨後買盤逐漸增加，成交量也溫和放大，股價緩慢上漲。最後股價向上突破，成交量也快速放大。

因此，當左半部分圓完成後，股價出現小幅爬升，成交量溫和放大形成右半部分圓時，便是中線分批買進的時間。而股價放量向上突破時，就是非常明確的買進訊號。

但另一方面，圓形底有時容易成為大戶用來出貨的手段，通常出現在除權息後，主力獲利豐厚的情況下，利用「完美」的圓形底吸引投資者。因此，如果圓形底久久未突破，或突破後很快走弱，甚至跌破圓形底，就應先停損觀望。

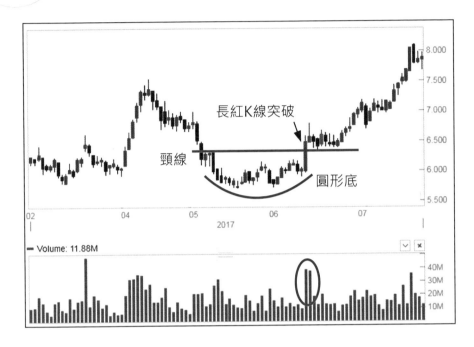

圖 4-9-2　兗州煤業（1171）日線圖

長紅K線突破

頸線

圓形底

資料來源：aastock

技巧 3：底部形態 + 跳空突破

　　除以上的潛伏底和圓形底，最常見的底部形態還有 W 底及三重底。由於底部的最低點都是比較難跌破的價位，因此如果經過多次下跌，都能站穩該價位的話，往往視為重要的支撐。而底部形成後，出現跳空突破「頸線」時，都可做為強力的底部確認訊號。

圖 4-9-3　美高梅（2282）日線圖

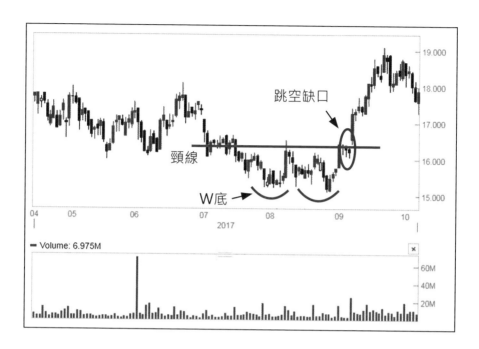

資料來源：aastock

圖 4-9-4　網龍（0777）日線圖

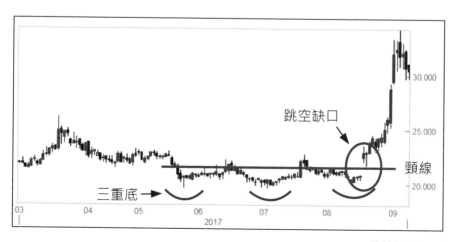

資料來源：aastock

技巧4：長下影線＋技術指標發出買進訊號

當持續跌勢期間出現一根明顯的長下影線K線，往往意味著見底。長下影線之所以會出現，是因為有多方強力護盤，大力將股價拉回至某關鍵價位之上。如果之後技術指標出現買進訊號，往往是反彈的開始。

筆者最常用的技術指標是MACD和STC，以下講解定義及用法：

表 4-9-1　用 MACD 和 STC 判斷買進訊號

	MACD	STC
定義	• MACD 線（快線）：通常是以 12 日平均線減 26 日平均線差值組成 • EMA 線（慢線）：快線的移動平均線版本	• %K：最近收盤價處於特定時段價格區內位置。當收盤價愈接近區內最高價位置，%K 數值愈高；當收盤價愈接近區內最低價位置，%K 數值愈低 • %D：%K 的移動平均線版本
數值區間	-2 至 2	0 至 100（80 以上為超買區，30 以下為超賣區）
特點	移動平均線的強化版，可降低市場因訊息而引起的股價波動，提高買進訊號的準確度	由於考慮的不僅是收盤價，更包括近期的最高價和最低價，這可避免僅考慮收盤價而忽視真正波動幅度的缺點
買進訊號	MACD 線突破 EMA 線	%K 線突破%D 線

資料來源：作者整理

為方便解釋，以下MACD及STC的買進訊號統稱為「黃金交叉」。

圖 4-9-5　金山軟件（3888）日線圖

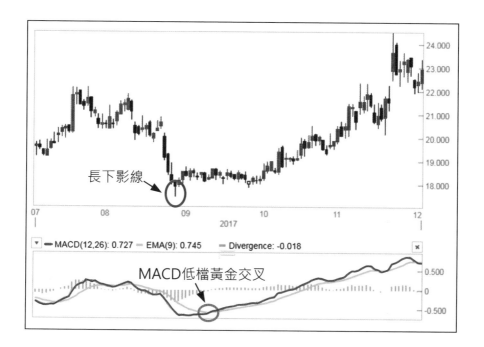

圖 4-9-6　中廣核電力（1816）日線圖

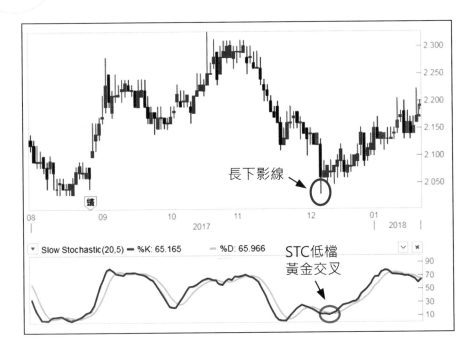

長下影線

STC低檔
黃金交叉

資料來源：aastock

〖 4-10 何時是賣出良機？ 〗

　　說完如何抄底，當然得說明如何及早發現高點，盡快獲利離場。在第一章提到設定「停利點」是賣出的時機之一，即當股價漲至高於買進價格某個幅度時賣出。這個方法的好處是直截了當，不需要特別的技術，但缺點是無法將利潤最大化，可能在賣出之後，是下一段漲勢的開始。

　　也有人會單用一種技術指標走天涯，例如 RSI 突破 70 代表進入超買區，這時就要賣出。但事實上，在一個強烈的上升趨勢之中，經常會有「超買、超買，再超買」的情況，如果按此原則賣出，就會白白浪費一個上升波段。

圖 4-10-1　比亞迪電子（0285）日線圖

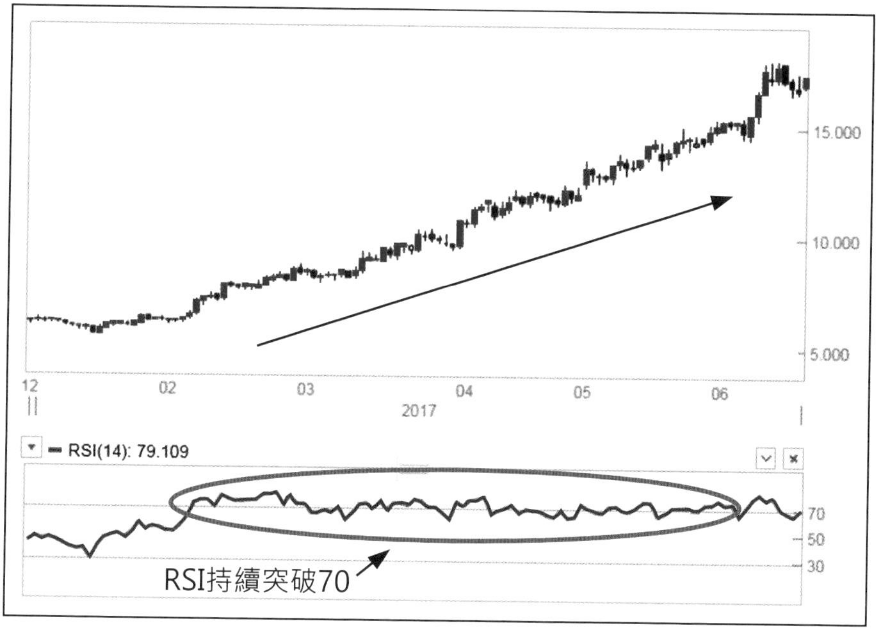

RSI持續突破70

資料來源：aastock

　　因此，我想介紹一招如何判斷高點的方法，它技術含量不高，但較以上方法靈活，大家不妨按情況選用。

高點出現「流星線」

　　所謂「流星線」，其實是指長上影線，主要原因是高點的賣壓甚大，空方在高點出貨，讓當日股價無法回升至最高點。當上漲期間出現流星線，十之八九都是高點了。

159

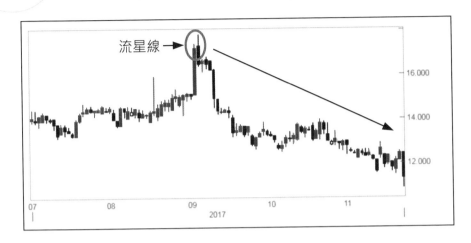

圖 4-10-2　雲遊控股（0484）日線圖

流星線→

資料來源：aastock

　　如果未來數天股價無法重回這個高點，同時技術指標發出賣出訊號，就可進一步確認是高檔回落的開始，這時當然要盡快離場。

　　至於新股上市時，流星線同樣可派上用場，就像以下例子，於上市前一、兩日即出現流星線，其後股價持續下跌。從資金面解釋，是因為籌碼一開始就集中在大戶手上，於是一上市即拉高股價，引誘散戶追價買進，同時散戶期待股價續漲，結果大量籌碼就由大戶轉移至散戶，導致上升動力大減，最終出現股價無以為繼的局面。而於高點買進的散戶，恐怕都需要一段時間才能解套。換個角度看，當你抽中新上市櫃股票，發現股價在上市初期即出現流星線，就應該盡快賣出。

圖 4-10-3　賓仕國際（1705）日線圖

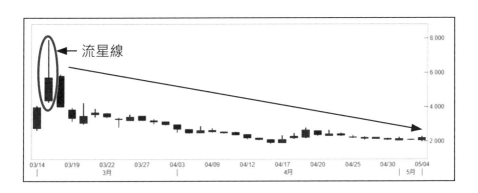

資料來源：aastock

〖 4-11 股價盤整，用「布林通道」短線操作 〗

　　不少投資者會認為，在極沉悶的盤整趨勢下買進股票，所賺的利潤都不會很大。但根據經驗，在股價盤整期區間操作，風險甚至比順勢操作低，利潤卻未必較少。前提是要懂得運用「布林通道」。

　　布林通道（Bollinger Bands）是「趨勢通道」的進化版，是判斷股票超買／超賣的常用指標，它主要由一條移動平均線（一般設定為 20 日）、壓力線（平均線加上 2 個標準差）及支撐線（平均線減去 2 個標準差）組合而成，通道的寬度會按波幅而變化。投資者可用於判斷股價趨勢，進行買賣操作。主要特點有三：

1. 當股價跌至支撐線時，屬於超賣訊號，股價多數會反彈；當股價升至壓力線時，屬於超買訊號，股價多數會下跌。

2. 通道寬度以股價的歷史波幅而定。波動愈大，通道愈寬；波動愈小，通道愈窄。

3. 通道收窄，代表股價已盤整一段時間，新一輪趨勢將發生。當股價開始向上突破壓力線，且通道開始變寬時，通常是漲勢的開始；相反的，當向下跌破支撐線時，且通道開始變寬時，往往會出現跌勢。以上兩種情況，平均線的方向都必須與股價方向同步，才可確認。

　　布林通道適用於任何市況，最簡單的用法就是，在股價盤整時「低買高賣」。操作如下：

圖 4-11-1　匯控（0005）日線圖

資料來源：aastock

　　如果波段操作的漲跌幅不大，意味價差獲利的空間不會太多，所以要把握加減碼時機，否則可能因為交易次數過多，手續費超過獲利金額，就得不償失了。

〖 4-12 如何發現「買進訊號」抓飆股？ 〗

　　為讓讀者了解趨勢交易的進階層次，筆者整理以往預測股價飆漲的案例，分享如何透過股票發出的買進訊號，多次在短時間內成功達標。但以下的方法只是用一個切入點供大家參考，當你的實戰操作經驗愈豐富，自然能夠將學過的知識融會貫通，因應不同情況，打造屬於自己的密技。

案例 1：IGG（0799）

買進訊號：

1. 股價以長紅線突破「W 底」形態

2. MACD 於負值出現「黃金交叉」

3. STC 於 30 以下，%K 突破%D

圖 4-12-1　IGG（0799）日線圖

資料來源：aastock

案例 2：中國龍工（3339）

買進訊號：

1. 股價突破「下降通道」

2. MACD 於負值出現「黃金交叉」

3. STC 出現「三重底」形態

圖 4-12-2　中國龍工（3339）日線圖

資料來源：aastock

案例 3：昆侖能源（0135）

買進訊號：

1. 股價突破三重頂頸線

2. 低檔出現「錘子線」

3. V形走勢反轉

4. RSI 跌破 30 超賣區後回升

5. STC 於 30 以下，%K 突破%D

6. MACD 於負值出現「黃金交叉」

圖 4-12-3　昆侖能源（0135）日線圖

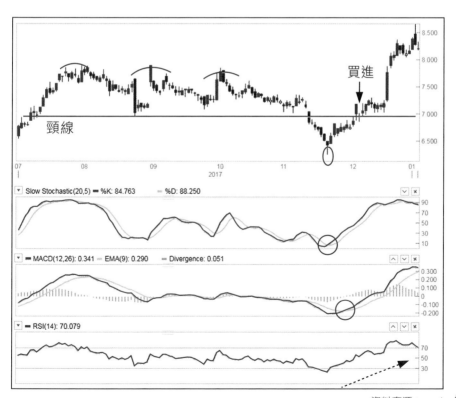

資料來源：aastock

案例 4：中國黃金國際（2099）

買進訊號：

1. 股價突破「三重底」形態頸線

2. 股價出現「紅三兵」

3. 股價突破 10、20 及 50 日均線

4. STC 於 30 以下，%K 突破%D

5. MACD 於負值出現「黃金交叉」

圖 4-12-4　中國黃金（2009）日線圖

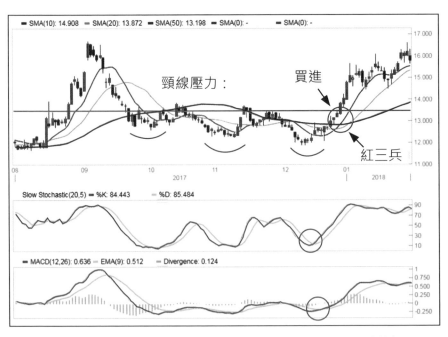

資料來源：aastock

案例 5：天能動力（0819）

買進訊號：

1. 成交量上升，跳空缺口成強大支撐

2. 多次跌破跳空缺口支撐後迅速反彈

3. 多次跌破 100 日線後迅速反彈

4. STC 於 30 以下，%K 突破%D

圖 4-12-5　天能動力（0819）日線圖

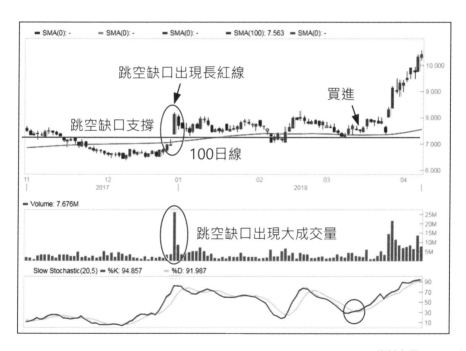

資料來源：aastock

例 6：長飛光纖光纜（**6869**）

買進訊號：

1. 低檔出現「錘子線」形態

2. 跌破 150 日線後，次日以長紅線反彈

3. STC 於負值出現「黃金交叉」

4. RSI 觸及 30 後回升

圖 **4-12-6** 　長飛光纖光纜（**6869**）日線圖

資料來源：aastock

案例 7：新奧能源（2688）

買進訊號：

1. 布林通道向上轉寬，突破盤整壓力線

2. MACD 於負值出現「黃金交叉」

3. STC 於 30 以下，%K 突破%D

圖 4-12-7　新奧能源（2688）日線圖

突破壓力線

買進

資料來源：aastock

案例 8：郵儲銀行（1658）

買進訊號：

1. 10 日線突破 20 日線

2. 股價出現「紅三兵」K 線組合

3. 「紅三兵」回補下跌跳空缺口

4. 「紅三兵」突破 10、20 及 50 日線

5. MACD 於負值出現「黃金交叉」

6. STC 於 30 以下，%K 突破%D

圖 4-12-8　郵儲銀行（1658）日線圖

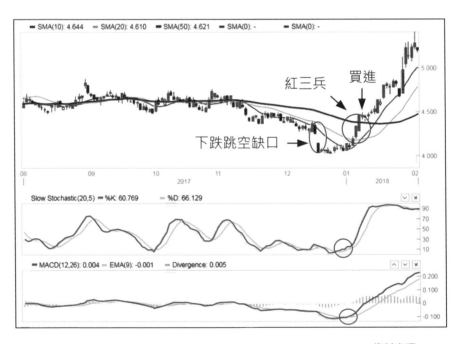

資料來源：aastock

案例 9：康哲藥業（0867）

買進訊號：

1. 觸及 150 日線反彈

2. 長紅線突破「三重底」頸線

3. MACD 於負值出現「黃金交叉」

4. STC 於 30 以下，%K 突破%D

圖 4-12-9　康哲藥業（0867）日線圖

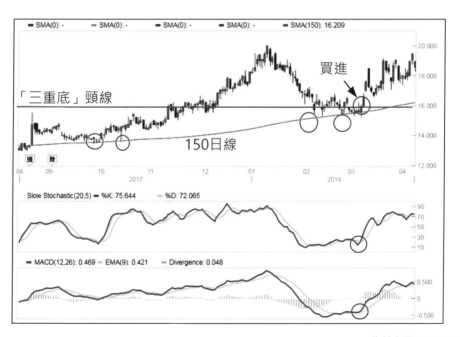

資料來源：aastock

案例 10：洛陽鉬業（3993）

買進訊號：

1. 股價於低檔出現「錘子線」形態

2. 股價見底後連日出現上漲跳空缺口

3. 股價突破前高

4. STC 於 30 以下，%K 突破%D

圖 4-12-10　洛陽鉬業（3993）日線圖

資料來源：aastock

〚 4-13 Beta 值反映股性 〛

　　仔細觀察不同股票走勢時會發現，即使在相同的市場環境下，不同個股的走勢都會有巨大差異：有些會跟隨大盤運行，大盤向上，它就向上，大盤向下，它就向下；有些會慢大盤幾拍，反應落後其他個股；有些就像獨行俠，無論大盤如何走，它都有自己的原則，不隨波逐流。這些就是所謂的「股性」，即股票的活躍度。

　　股性好的個股，在大盤止穩上漲後，漲幅往往超越大盤；而股性差的，要嘛與大盤走勢接近，要嘛就落後大盤。因此只要找到股性好的股票，往往都能幫助我們創造更多利潤，而評量股性的工具就是—— β（Beta 值）。

　　β 是一種評估證券系統性風險的指數，用來衡量個股或股票基金相對整個股市的價格波動情況。利用 β 時，會以大盤指數為參考標準，假設大盤 β 為 1，某一個股的 β 大於 1，代表它的股價波動比同期大盤指數還大；如果 β 小於 1，代表它的股價波動比同期大盤指數小：

β	說　明	風險與市場比較
> 1	股價波動比市場大	高
= 1	股價與市場波動一致	一樣
< 1	股價波動比市場小	低

資料來源：作者整理

　　當 β 為正數，代表個股價格波動方向與大盤一致；β 為負數，代表個股價格波動方向與大盤相反。如果將大盤的走勢視為系統性風險，那麼 β 就能反映個股的非系統性風險，當個股的 β 愈大，代表非系統性風險愈大，意味著獲利空間愈大，一般可分類如下：

$\beta > 1$	進攻型股票	非系統性風險高於市場風險，一旦大盤趨勢向下，個股的跌幅可能是市場的數倍；但當大盤趨勢強勁，漲幅也可能是市場的數倍。
$0 < \beta < 1$	防守型股票	非系統性風險低於市場風險，個股的上下波動往往小於市場。

　　雖然 β 可以反映一檔股票的性格，但它只代表個股的歷史走勢，即目前的 β 較大，不代表以後仍然會較大，如果基本面改變，β 就可能無法準確判斷未來了，這是使用 β 時必須注意的地方。

　　台灣個股的 β 值，可到台灣股市資訊網查詢：

　　網址：goodinfo.tw/StockInfo/index.asp

　　步驟：

1. 在上方輸入個股代號

2. 個股頁面往下拉

3. K 線圖下方就可以看到它的 Beta 值（風險係數）

圖 4-13-1　個股 Beta 值查詢

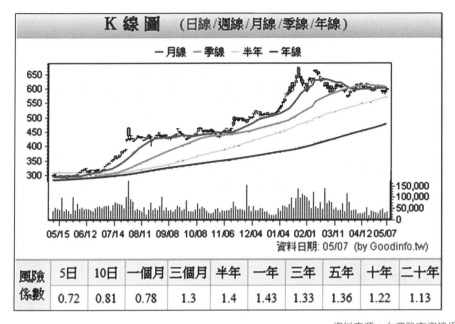

風險係數	5日	10日	一個月	三個月	半年	一年	三年	五年	十年	二十年
	0.72	0.81	0.78	1.3	1.4	1.43	1.33	1.36	1.22	1.13

資料來源：台灣股市資訊網

5

設定短線及
長線投資組合

〚 5-1 如何建立投資組合？〛

不同的股票，潛在風險和獲利都不同，建立組合的目的，是以分散投資達到分散風險的效果，讓投資者不至於因風險過大，產生難以承受的損失。以下介紹 4 種投資組合：

1. **不同金融資產的組合**：不同金融產品會帶來不同的投資報酬率，要承擔的風險也不同。

   以風險角度看：銀行定存＜債券＜股票

   以報酬率看：銀行定存＜債券＜股票

   一般來說，風險愈高的金融產品，報酬率會愈高，投資者如果將資金按比例放在不同產品上，可以有效控制風險，又能獲取最大報酬。當然，投資組合的比例因人而異，能夠承擔較大風險者，股票的比例可以高一些；不願承擔高風險的，銀行存款和債券的比例就高一些。

2. **不同行業或企業股票的組合**：這種組合的好處是，一旦某個行業不景氣，投資者也不至於全軍覆沒，還可以從其他景氣較好行業的股票中獲利。

圖 5-1-1　企業景氣循環圖

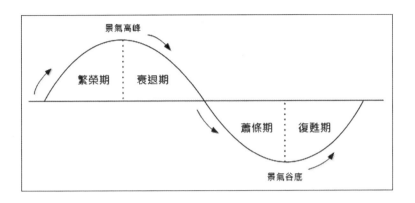

資料來源：作者整理

　　大部分行業的盛衰都有周期性，而且各個行業的周期並不同步，有些行業走向衰退期時，另一個行業可能步入繁榮期。而且全球經濟存在許多不確定因素，一些突發的黑天鵝事件，例如：新的替代產品出現、國家政策轉向等，都可能使某些行業迅速發展或萎縮，更何況在目前激烈的市場競爭中，任何企業都很難做到歷久不衰。由此可見，將資金集中在某一行業或某一企業，都是很大的風險。

3. **不同區域股票的組合：**由於不同區域在政策、稅收、市場條件等各方面都有特殊性，會對當地企業產生不同影響。有些區域的股票獲利高但風險大，有些區域的股票則可能比較平穩。把不同區域的股票放在投資組合，能有效分散投資風險。

4. **不同目標股票的組合：**就是選擇一部分穩定發展的公司股票長線投資，選擇一部分迅速成長的公司股票中線投資，另外選擇一部分股價波動較大的股票短線投資。長線投資的股票風險較小，但獲利會較少；短線投資的股票風險較高，但獲利較高。如果將資金按一定比例投放在以上三類股票，一方面不至於承擔過大風險，又保持靈活性。

　　下一步就要按照自己的性格，選出一套適合自己的組合，以下是 3 種常見的投資組合技巧：

表 5-1-1　保守型投資組合

資金分布	將 80%資金購買高息股，並將 20%資金用於短線操作。
目標	以高股息的股票為核心，由於將資金放在有較高股息的股票，在經濟穩定成長的時期，能獲取較好的投資回報，即使股市下跌，仍能領取可觀的股利。
解釋	這個組合適合經濟穩定成長時期，但在經濟結構轉型期與衰退期時，就要謹慎使用。因為原先投資價值較高的股票，可能因為經濟不景氣，公司獲利大幅度降低，甚至轉盈為虧，公司股票價值大幅下降，投資者容易蒙受損失。

表 5-1-2　投機型投資組合

資金分布	將 80%資金買股價波動性高的股票，並將 20%的資金買進穩定型的股票，或做為追價與攤平之用。
目標	以股價波動較大的股票為核心，投資者通常以「見漲搶買，見跌即賣」為買賣原則。由於這種投資方式的買賣進出較為敏感，所以經常能在股價上漲之初，買到日後漲幅很高的黑馬股，給投資者帶來可觀的價差；而見跌即賣的結果，也能在股價持續下跌時，不至於虧損太多。
解釋	如果投資者的判斷正確，這種組合往往比其他組合獲利更大；但萬一判斷失誤，損失也會很大。 此外，頻繁交易會付出相當高金額的手續費，因此投機型投資組合不適合股市新手，中小額投資者亦應謹慎使用。

資料來源：作者整理

表 5-1-3　隨機應變型投資組合

資金分布	1. 市場看好時：高息股 40％、投機股 40％、債券或現金 10~20％ 2. 市場看跌時：高息股 10％、投機股 10％、債券或現金 80％，投資者可根據市場變化，隨時調整比例。
目標	當判定大盤走強時，將大部分資金放在股票，而認為股市看跌時，則將大部分資金購買風險較小的債券，或持有現金，等待買進時機。
解釋	這種組合的好處是具有靈活性，投資者能因應市場變化進行調整。但前提是，你要有好的市場判斷能力。

資料來源：作者整理

〖 5-2 長線與短線何者重要？ 〗

　　股票投資和其他投資一樣，可分為長線和短線。長線的投資是長期持有該股票，期待它的股價上漲，或有穩定的股利。短線的投資就像一夜情，不會天長地久，甚至可能當天買進，當天就賣出。

　　值得長線投資的股票大致分為兩種：

權值股：

　　以香港股市來說，恆生指數成份股的企業大多具有雄厚資本、獲利豐厚、能連年配發股利等特性。長線投資這類股票可持續穩定獲利，具代表性的企業包括：中國移動（0941）、中國聯通（0762）、匯豐控股（0005）和記黃埔（0013）等。

成長股：

　　這類股票還沒躋身權值股的行列，不過，如果投資者有非常敏銳的眼光，認定這檔股票具有極強的潛力而買進，將來這些公司發展成功的話，所得到的回報將會十分豐厚。具代表性的企業包括：舜宇光學（2382）、中國民航信息網路（0696）和晨鳴紙業（1812）等。

　　至於短線投資的股票，基本上不必考慮基本面，只要有人氣、題材，短期內連連飆漲，就足以成為短線炒作的充分條件。

　　投資股票應該要做到長短線結合，如果沒有這個觀念，而把長線投資變短線，短線又被套住，不得不改為長線，結果必然失敗。

〚 5-3 什麼是長線投資策略？ 〛

　　投資者進行長線投資時，應該選擇有獲利、有成長性的公司。因為這類公司的股票短期跌了也無妨，只要耐心等待，總會再上漲。長線投資策略的要求很簡單，就是選擇適合長線投資的股票：

1. 成長型股票

　　公司的成長性比一般公司好，股票未來的報酬率也會比較高。由於高成長性公司的營收獲利成長都處於高速擴張階段，且多配發股票股利，少配發現金股利，確保有足夠資金運營的同時，業績的增速能追上股本擴張的速度。

2. 政策支持的股票

國家產業政策支持的行業，容易得到市場認同。例如，壟斷行業受到政府保護，所以發展穩定，前景看好，其中能源、通信等公用事業類股，都是不錯的選擇。

3. 績優型股票

長線投資的另一個選股策略，就是在同產業中選出第一流的公司。這些公司經營有成、資金雄厚、獲利能力高，通常處在龍頭地位。從風險的角度看，達到規模經濟的企業，具有較強的抗風險能力，所以龍頭股往往都是同一族群最抗跌的股票。其次，龍頭企業更易獲得政策的扶持，並在整併浪潮中快速擴張，擴大市占率，進入新一輪的快速成長。

〖 5-4 什麼是短線投資策略？〗

短線操作要成功非常困難，因為股市是一個具有風險的市場，投資者必須具備正確的心態，不會因某次短線獲利而沖昏頭，也不為某次套牢而懊悔。當你決定要成為短線投資者，切記不要期望太高，並設好停損或停利點。

短線操作的大方向是：該出手時就出手，否則容易得不償失。通常某一族群開始啟動時，可立即追進，第二天開高時賺 3％以上的利潤應不成問題；但萬一發現情況不炒，第二天即使低於買進價，也要堅決賣出，以免陷得更深，因為散戶的資金有限，一旦被套，就無法趁低撿便宜了。

無可否認，短線投資具有一定的吸引力，只要看準了就果斷出手，絕不拖拖拉拉，就有機會獲利。以下介紹 4 種短線投資技巧：

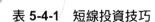

表 5-4-1　短線投資技巧

題材炒作法	選擇有題材的股票，例如購併、配股配息、業績等題材，這些都會吸引大戶入場操作。
新股快閃法	新股上市前，券商往往為了使新股上市順利，一般都會將同族群的股票拉高。所以當每次有新股上市前，相關個股都會成為市場焦點，投資者須及早買進該族群個股，並在新股上市前賣出。
突發行情法	股市每年總有幾次突發性行情，只要好好抓住這種噴發漲勢，自然會獲利豐厚。當趨勢向上時，總會有某些族群和個股領先大盤，如一些題材還沒完全發揮的族群、籌碼集中的個股，這類個股的爆發力會比一般股票大，只要選對股，就能跑在行情之前。
尾盤搶買法	在行情好的時期，經常會出現拉尾盤的個股，只要你敢追進，次日開高時賣出，一般都會有所斬獲。

股價愈高愈買，不適用長線投資

　　過去認為低買高賣才是投資王道，但現在愈來愈多人主張愈貴愈買的「動量投資」策略，這意指，只著眼於過去的投報率，而不考慮公司獲利、股利等。策略上是買進股價最近上漲的股票，賣出股價最近下跌的股票；但傑諾米‧席格爾（Jeremy Siegel）在其著作《長線獲利之道：散戶投資正典》（Stocks For the Long Run）中強調，該策略只適用短線買賣，不應成為長線策略的一部分。

　　世界頂尖商學院之一的戈伊祖塔商學研究院（Goizueta Business School），在 1993 年發現，過去 6 個月投報率最高的 10％股票，之後 6 個月內的每個月，也超越投報率最差的 10％股票約 1％。但其後發現，利用這策略在起初 12 個月內得到的額外回報，逾半會於隨後兩年蒸發。行為金融學家沃納‧德邦特（Werner De Bondt）也發現，過去 3 至 5 年內表現很差的股票，之後會明顯超越過去表現優秀的股票，也就是說，股票

投報率長線會回歸平均值。

傑諾米‧席格爾認為，「運用動量投資策略的專業投資者，的確可獲額外回報，但用此策略的散戶報酬率卻總是落後大盤。原因可能是散戶只看股價表現好的股票，但這些股票往往已經漲多，因此報酬率變差；而專業投資者則傾向發掘一些表現優異而低調的股票，成功取得額外利潤。」

〖 5-5 投資組合必須有「收息股」〗

對投資者來說，頭號敵人一定是購買力下降，也就是通膨。通膨殺傷力有多大？舉個例，如果每年通膨率是 3％，12 年後，你的現金流購買力就會少 30％。對一個 60 歲的退休人士來說，到 72 歲時，他會看見每 1 元的購買力減少了 30％；到 84 歲，購買力更會少一半。換言之，每年僅 3％的通膨，會讓今天的 1 元，24 年後只值 0.5 元。

那麼投資者可以如何對抗通膨呢？最直接的方法，就是找一些每年能配發利息的投資工具，例如每年都會配息、且股利成長的股票。

為何股利成長那麼重要？假如你買一檔每年配息 20 元的股票，每年股利成長 3％，25 年後，你就每年收到逾 40 元的股利。以麵包為例，當股利成長率與麵包價格的漲幅一致，你的購買力就不會受影響。所以最低標準是，你的股利要與通膨率一致，最好是超過通膨率，那麼你的購買力才能保持成長。

股息殖利率 vs. 配息率

近年「黑天鵝」頻頻出現，投資者都擔心經濟是否會受衝擊，而無法在股市賺取穩定的被動收入，因此「存股族」都會以股利高低做為選股標

準。股利就是公司把部分獲利與股東們共享，所以股利多寡、配發頻率高低，都是選擇收息股時必須考慮的因素。最常用的方法是，在同類股票中選出「股息殖利率」較高的。

股息殖利率＝每股配息／股價

經常聽到的「高息股」是指股息殖利率 3.5％以上的股票，這在公營事業、金融股比較常見。挑選收息股前，建議先翻查該股過去 10 年的配息紀錄是否穩定，以及股價是否對大盤漲跌非常敏感等。

另一個指標叫「配息率」，代表公司拿多少比例的獲利分給股東。

配息率＝每股配息／每股盈餘

站在股東角度，配息率似乎是愈高愈好，表示公司願意有福同享；但從陰謀論角度看，配息率高的公司代表只保留少量獲利做為投資之用，可能是因為公司欠缺未來發展大計，才願意慷慨配息。

嚴格來說，由於高成長的公司需要快速擴張，須保留大部分獲利在發展之上，因此配息率高（逾 60％）未必是好事；而配息率低（小於 10％）甚至不配息，也不一定是壞事。

而有 3 個與配息相關的日期，值得投資者注意，因為這些日期前後，股價通常會出現波動：

表 5-5-1　3 個重要的配息相關日期

股利公布日	公司會於當日公布配息多少，比較過去配息率，投資者會對公司前景做初步判斷，所以股價變動會比較敏感。
除權息日	在除權息日前買進股票並持有至除權息日，才有資格獲取股利；而在除權息日當日或以後才買進該股票的人，不會獲得股利。 另須注意，由於在除權息日會扣除配息的金額，並反映在股價上，所以股價多數會在這天下跌。
配息日	股利正式過戶至股東的日期，所以不要忘記在這天檢查戶頭，看看股利是否入帳。如有任何狀況，要通知券商或銀行。

　　以上 3 個日期，都會在上市櫃公司的官方網頁公布，而多數的免費報價網站也會提供。除了「現金股利」之外，還有「股票股利」，公司會按獲利及各股東持股量，把股票配發給股東

股利再投資：牛可攻，熊可守

　　股利是被動收入的來源之一，而退休人士特別鍾愛高息股，將之做為投資組合的主力。但收到股利後，不要立刻花掉，你可以把股利再投資，以利滾利，累積財富。

　　賓大華頓商學院教授傑諾米・席格爾（Jeremy Siegel）指出，「股利是『熊市的保護傘』，是『牛市的獲利加速器』。在熊市時以股利再投資，有助累積更多的部位來緩和投資組合價值的下降；當牛市重臨，這些加碼部位就能大幅提高未來的報酬率。」

　　要發揮「股利再投資」的複利威力，長期持有是關鍵，但實際操作不容易執行。由於所收到的股利，往往不夠再投入投資（除非你的持股量極高），股利必須累積數年後才能進行再投資，才較具成本效益。結果，在累積股利增加的這段時間，可能已錯失好的買點。

持有收息股做為長線投資，是組合中不可或缺的部分，尤其當市況轉壞時，加重收息股在投資組合中的比例，屬於加強防守的部署。因此，當上述的高息股有股價急漲的現象時，往往是市場恐慌、股市轉壞的警訊，要格外留意。

〚 5-6 「優質飆股」有哪些條件？ 〛

「優質飆股」就如同股市中的白馬王子，人人都想得之。這類公司經營業績穩定而良好，並具有可觀的成長性；而且其有關訊息（如業績、內部消息）都已被公開，風險很低，所以是投資者必買標的。

但初期的「優質飆股」很不容易被發現，例如股價低迷了一段時間，或沒有明顯的漲勢。由於不受市場關注，所以需要業績等題材去刺激，才能「飆漲」。飆股除了要有獲利能力，還具備以下條件：

表 5-6-1　優質飆股的常見條件

每股盈餘成長率較同業高	即使「稅後淨利」很高，但每股盈餘（EPS）很少，都代表經營業績並不理想，導致股價不高。每股盈餘愈高，代表公司業績愈好，更能支持股價上漲。只要與同業比較，每股盈餘明顯較高且逐年上升，往往都是潛在的飆股。
每股淨值較同業高	這是反映股票「含金量」的重要指標，每股淨值愈高，代表每股的實際價值愈高，創造利潤的能力和抵禦外部因素能力也愈強。尤其當股市下跌時，每股淨值較高的股票不只抗跌，甚至會逆勢上漲。
有大量資金介入	一檔獲利能力強且具備以上特點的股票，一定會受市場資金青睞。最明顯的現象，就是成交量會溫和放大，股價漲幅不會過大。會有這種現象，不外乎大戶要低調吃貨，如果動作太明顯，就會影響吃貨完畢後，股價的上漲幅度。 如果發現在業績正式公布前，股價已經上漲過快，且成交量急劇放大，就不宜追高了。因為不排除有部分預先得知內幕消息的主力，已經偷偷布局，並把股價拉到相對高點，等待時機倒貨給散戶。
熊市末期上市的新股	在熊市末期上市的新股，市場的訂價往往都偏低，但不排除當中有成長性佳，或具有擴張能力的企業，被市場低估。當市場漸見曙光，由熊轉牛時，這類新股往往會受到市場主流資金的關注。另一方面，由於沒有長期套牢區，股價上漲阻力較低，所以暴漲的空間較大。

資料來源：作者整理

回購股份，可讓股價短期暴漲

除了以上的條件，著名基金經理人彼得·林區（Peter Lynch）曾說過：「一家公司要回報投資者，最簡單的方法，就是回購公司的股份。」在股市低迷期，或股價跌得兇、太不合理時，股份回購（Share Buy-back）正是公司對前景充滿信心的表現，藉以刺激股價，基本上對股東是好事，例如 2016 年長實地產（1113），斥資逾 6.3 億港元回購股份，股價數天內就漲逾 6%。

回購是動用公司的資金，去買回市場流通的股份，而該批股份就會被註銷；隨著股份數量的減少，假設獲利不變，每股盈餘就會增加，所以股價會上升。回購除了反映公司對前景的信心外，也暗示公司的資金充裕，有穩定股東情緒的作用。

很多時候，持股者都會趁公司回購時將股票賣出，或短線操作套利。但要注意的是，如果公司只靠回購來支撐股價，就要小心了，因為這表示公司沒有把多餘的資金，用於其他發展項目上，回購對股價只能帶來短暫的支持，加上「子彈」總有用完的一天，長遠來説，反而不利股價。

以上主要是從基本面及消息面尋找飆股，但實際操作時，必須結合趨勢交易的操盤技巧，因為公司業績好，未必會即時反映在股價上，要增加找出飆股的成功率，必須運用趨勢交易的技術工具，從趨勢的蛛絲馬跡，做好入市的決定。

〖 5-7 如何從「大陸政策」部署長線投資？〗

股市的族群輪動，肯定離不開政策的刺激，而中國政策提到的投資主題，往往較企業經營策略變動的消息（例如收購、合併、分拆、回購和管理層變更等）更有保證，所以政策概念股較值得長線持有。以下簡單分析重點政策，如何為個別產業帶來影響：

1.「一帶一路」：帶動「鐵路基建股」

中國國家主席習近平提出的「一帶一路」，連結歐亞大陸沿線國家的經貿及基建發展，是中國未來的重點發展項目；在這主題驅動下，「鐵路基建三寶」：中國中鐵（0390）、中鐵建（1186）和中交建（1800）會

持續受市場資金關注。

雖然 2016 年底市場憂慮中國的基建項目，會受去槓桿化影響資金供應，相關股票一度大跌逾 1 成；但其後中國鐵路總公司宣布，會全面完成國家下達的國家資產投資計畫，並推動鐵路企業混合改革；加上國務院通過「西部大開發十三五規劃」，都有利銜接一帶一路的建設項目。

當中的鐵路基建龍頭的中鐵建，亦於 2017 年成功與亞投行就深化「一帶一路」合作、積極拓展海外業務達成共識，建立起更加緊密的合作關係，在這強大背景支持下，也會是股價上升的催化劑。

2.「粵港澳大灣區」：掌握「深圳基地」概念股

「粵港澳大灣區」發展藍圖是未來數年最重要的投資主題，隨著大陸珠三角地區在人流和資金流方面更暢旺，愈來愈多人看中其優勢而遷移至當地生活，所以當地的房地產發展絕對不容忽視，其中龍光地產（3380）持有眾多珠三角地區新建案，在地產股中亮點最大。

除有利地產類股外，由於當地的交通往來會更頻繁，深圳國際（0152）和深圳高速（0548）一類的公路股，自然受惠不少；其中深圳國際的主要資產，更是大灣區內的主要收費高速公路及幹道，加上前海用地的發展潛力，「野村證券」的報告就分析，深圳國際的獲利將會翻倍。

「粵港澳大灣區」屬於中長線的投資概念，眾多科網概念股如騰訊（0700）、金蝶（0268）以及創維數碼（0751），它們的總部都位於深圳，未來會吸引更多人才到當地就業，將為當地企業帶來競爭優勢。

3.「健康中國 2030」規劃：留意 3 類「醫藥股」

「健康中國 2030」規劃，強調提高人民健康水準、優化健康服務等，加上人口老化問題，中國有決心改革醫療業。但醫藥行業的產業鏈監管度高，潛規則又多，如果是憧憬政策而想投資醫療股的話，建議先對它

有基本的認識，首先必須了解 3 大分類：

- **製藥類，如：中國中藥（0570）、石藥集團（1093）、華潤醫藥（3320）**

  分為中藥及西藥企業，而且必須知道它們是賣什麼種類的藥，例如製造專利藥和學名藥的，毛利會比較高；但如果是生產維生素、抗生素等常見藥物，由於市場競爭激烈，毛利就會較低。另要留意哪些是政策性藥物，會納入降價的範圍，因為這對獲利會有影響。

- **醫療保健類，如：華潤鳳凰醫療（1515）、康華醫療（3689）**

  非製造類的醫療服務，例如營運醫院、分銷藥品、藥品零售和醫療推廣等。隨著發改委部署醫療服務價格的改革工作，開放醫院服務價格自由定價，有助推動行業成長。

- **醫療器械類，如：微創醫療（0853）、先健科技（1302）**

  生產與醫療有關的儀器，低毛利低風險的有針筒膠布，高毛利高風險的有內視鏡設備、神經外科手術器械等。醫療器械正是「十三五規劃」的重點支持發展產業之一。

　　除了認識各分類的特點外，投資醫藥產業時，必須注意風險，包括：原材料價格周期變化、突發的產品安全問題等。更要注意的是，2018 年已全面實施「兩票制」，即是在藥品流通過程中，藥品從生產企業到流通企業開一次發票，流通企業到醫療機構開一次發票，這意味小的藥物經銷商、二級或二級以上代理商將被淘汰。而國藥控股（1099）這類藥物經銷商的結算對象，將是較強勢的醫院，結果應收帳款的款期就會更長，如何減輕資金壓力，將是經銷商的重大考驗。

4.「供給側改革」：「水泥股」須留意成本因素

　　水泥股 2017 年開始回溫，主要是受惠中央的供給側改革，加速去產

能目標，讓水泥價格持續回升。概念股之一的金隅，因為有明顯的地域優勢，再加上去年和冀東集團重組後，大大提高了當地的水泥集中度及經營效益，長期看好。

不過投資水泥股也必須注意各項成本，包括水泥、煤和電。由於水泥的運輸成本高，水泥公司會選擇在當地銷售產品，因此水泥的價格是有地區性的，例如華東及華南的水泥一哥是安徽海螺（0941），而西部水泥（2233）就是陝西的水泥生產商。由於各地水泥價格不同，投資個股時要考量當地的市場供需。

而製造水泥要消耗大量煤炭和電力，煤炭價格上升，會加重水泥的成本，投資水泥股要同時留意煤炭價格的波動；電力供應則受中央監控，價格比較穩定，但過去就曾因在用電高峰期實施了「限電措施」，影響了水泥生產，這風險都須留意。

最後，水泥屬於建材的一種，基建和樓房都會用到，所以中央對房市調控的措施，都將影響水泥股的表現，可見房屋銷量因素也不可忽視。

5. 汽車進口放寬，有利經銷商獲利成長

根據中國的國家統計局資料，2016 年底，全國居民每百戶家用汽車擁有量為 27.7 輛，同比增長為 21.9％；相比其他已開發國家（如歐美及日本），平均達「一戶一輛」的水準，反映中國汽車市場極具成長空間。當中汽車製造商吉利汽車（0175）和長城汽車（2333），都是自營品牌的中堅分子。

值得一提的是，中國發改委於 2018 年 4 月宣布未來 5 年逐步放寬外國車進口，除降低關稅，外國車商將可直接於中國賣車，意味一直與外國車商合營品牌的企業，包括華晨中國（1114）、北京汽車（1958）和廣汽集團（2238）的獲利將會遭受衝擊，因此當時消息一出，以上企業的股價都出現急挫。不過汽車經銷商如永達汽車（3669）和正通汽車（1728），由於收入主要是來自汽車銷售，所以無論是進口車還是國產車，只要市場有需求就能夠受惠，所以政策對它們反而有利。

供應方面，由於汽車的產業鏈甚廣，分析時須全面考慮鋼鐵、橡膠、石化、玻璃、機械及電子等材料價格，這些都是主導成本的重要因素。隨著經濟轉好或通膨升溫，材料價格都會上升，並減少汽車公司的獲利，如何將成本轉嫁至消費者，保持獲利成長，都是投資汽車股要考慮的地方。至於近年積極開發的新能源汽車，如比亞迪（1211）的前景卻不樂觀。由於 2016 年底國家宣布降低補貼，企業如何控制成本，抵銷補貼下降，將成新能源汽車發展的關鍵。

6. 政策支持漲價，「燃煤股」值得關注

企業獲利要上升，不外乎「減少支出，增加收入」，而「燃煤股」正好迎來這強大優勢。從 2017 年 7 月起，發改委將減少向發電企業徵稅，變相提高其上網電價，絕對有利燃煤行業。其中燃煤業務占總收入 9 成的發電企業，如：華潤電力（0836）、華能國際（0902）及華電國際（1071）受惠最大。

由於近幾年煤價持續上升，燃煤企業獲利深受打擊，使一向股價平穩的公用股都出現股價持續探底的怪現象。目前燃煤行業正受惠於供給側改革，而煤價則進入回落階段；此消彼長之下，燃煤業股價反彈空間甚大，尤其以上提過的三檔股票，股息殖利率都有 2.5％以上，算是「攻守兼備」。而燃煤業務占了總營收 3 成以上的中國神華（1088），是另一個不錯的選擇。

7. 中國鬆綁期貨交易限制，料吸外資湧入 A 股

• 中國為實施「鄉村振興戰略」和服務國家脫貧攻堅戰，「期貨」字眼自 2016 年起已連續 3 年出現於中央一號文件。2019 年 4 月，中金所再提高期貨市場流動性，進一步鬆綁股指期貨的交易限制。

另外，中證監亦擬允許社保基金、商業銀行、保險基金、國有化司、QFII（合格的境外機構投資者）和 RQFII（人民幣合格的境外機構投

資者）參與期貨市場，上述措施預計將吸引更多資金流入 A 股市場，刺激期貨交易量，可留意期貨概念股。

身為港股少數標的魯証期貨（1461），自 2015 年上市已積極開展期權經紀業務，2018 年終成為股票期權市場的「一哥」，搶占全市場交易量的 7.20％；其他期權業務亦表現亮麗，白糖和豆粕的期權成交量分別排名該市場的第 3（市占 7.79％）及第 5 位（市占 7.31％），預計魯証未來將更受惠於市場的改革。

8. 5G 戰略舉足輕重，中國鐵塔（0788）不二之選

全球規模最大的通訊鐵塔基礎設施服務供應商——中國鐵塔（0788）擁有中移動（0941）、中聯通（0762）及中電信（0728）三個大股東，而以上三大通訊運營商則在中國移動通訊市占率合計 100％。中國鐵塔向通訊運營商提供站址資源和服務，並以較低成本協助運營商提升特定區域移動通訊覆蓋面積，提升室內外的移動通訊網路品質，提供以「資源共享」為核心的跨行業站址應用與訊息業務。

宏觀戰略上，中國鐵塔對中國通訊市場進行全國性的 4G 網路擴展及未來組建 5G 網路，由它所建設的站址遍布中國 31 個省、直轄市及自治區，覆蓋所有的城市及廣大的農村區域。截至 2018 年 3 月 31 日，由中國鐵塔運營並管理的站址達 1,886,454 個，而服務對象則有 2,733,500 個用戶。若按站址數量、租戶數量和收入計，中國鐵塔在全球通訊鐵塔基礎設施服務提供商中均名列第一。單以站址數量計，中國通訊鐵塔基礎設施市場中的市占率為 96.3％，可見其壟斷力之強。

隨著物聯網、大數據和人工智慧等技術快速發展，勢必帶動中國社會訊息化建設需求的爆發性成長，而中國鐵塔更是中國實現「網路強國戰略」不可或缺的推動者。根據沙利文報告，在中國用戶數量及移動通訊數據流量成長等因素推動下，2017 至 2022 年，中國通訊鐵塔基礎設施市場規模預期將由 706 億元（人民幣，以下同）增至 1,091 億元，複合年均成長率為 9.1％。綜合而言，中國鐵塔絕對值得中長線持有。

9. 2021 年「中央一號文件」出台，專攻農業發展

　　中國國務院宣布「中央一號文件」，這是 21 世紀以來第 18 個指導「三農」工作的中央一號文件，這份文件題為《中共中央 國務院關於全面推進鄉村振興加快農業農村現代化的意見》，根據文件內容，這次目標是「農業供給側結構性改革深入推進，糧食播種面積保持穩定、產量達到 1.3 萬億斤以上，生豬產業平穩發展，農產品品質和食品安全水準進一步提高，農民收入成長繼續快於城鎮居民，脫貧攻堅成果持續鞏固。」

　　因此，投資重點可以放在「農產品」和「豬產業」。然而和中國 A 股相比，港股與以上產業相關的概念股不多，以下精選幾檔，做為讀者中線投資的參考，包括：萬洲（0288）、卜蜂（0043）和中糧家佳康（1610）。

　　以上分析的政策只是大方向，任何的變動，例如取消或增減對某些行業的補貼，可能隨時都會發生。因此，要多留意政策的動向，靈活調整手上的投資組合，絕不能買進後就置之不理。

〖 5-8 如何選到主流強勢族群？〗

　　股票交投愈活躍，代表市場的買賣成交愈頻繁，股票比較容易「脫手」。而「主流強勢族群」通常是市場主要的交易範圍，所以必須具有市場號召力和資金凝聚力。

　　最理想的股市氣氛，就是當一個主流強勢族群經過快速飆漲階段，開始進入衰退期，但後續有其他族群接力，往往有利股市行情的長期發展。然而，族群轉換太頻繁並不是好事，因為強勢族群太分散的話，無法形成持續的主流熱點，大盤很容易形成階段性頭部，甚至導致冷門族群出現補漲，投資者很難把握適合買進的標的。

要如何尋找主流強勢族群？可嘗試以下步驟：

表 5-8-1　尋找主流強勢族群 4 步驟

第 1 步	瀏覽每天的熱門財經新聞，了解哪些行業出現最新變化（如發布新產品），因為這些都可能成為投資熱點爆發的催化劑。
第 2 步	查閱免費報價網站的熱門概念股，從中得知當日的熱門族群是什麼，例如今日股市是半導體類股領漲，相關產業的股價都會普遍上漲。
第 3 步	在以上網站找出本日漲幅前十大的股票，尋找潛在強勢族群的龍頭股。由於主流股多數是持續放量上漲，如發現該股是急拉，則可能只是短期強勢，而不是主流。
第 4 步	從活躍個股的「資金流向」，觀察大戶和散戶買賣盤的變化，如發現大戶買盤大幅增加，而且已持續數天，這很可能是主力資金湧入該族群的跡象。

資料來源：作者整理

當然，即使做到以上步驟，也不能保證今日的主流強勢族群能維持到明天，所以想追漲的話，仍要留意相關族群的新聞，分析市場是否已反映相關消息？甚至市場只是翻炒過去的舊聞？這些都是投資者要做的功課。

從「突發新聞」發現主流強勢族群

另外，從突發新聞事件中，也可挖掘出未來將成為主流的強勢族群，例如 2021 年發生的「蘇伊士運河塞船事件」看似離我們很遠，卻影響著全球從汽車到服飾業的供應鏈。全球最忙碌的航道之一的蘇伊士運河，占世界海運貿易的 14％，許多產品的運輸都因這次事件而延遲，包括：將服飾、電子產品、重型機械等從亞洲運到歐洲等地的貨輪，以及載運石油和天然氣的油輪，但由於以下兩個原因，其帶來的衝擊比想像中大。

首先在新冠肺炎疫情期間，半導體的供應短缺已維持數月，因為汽車、智慧型手機、電腦、平板和電視廠商低估了疫情期間的需求，導致這些廠商向晶片製造商追加訂單時，讓晶片廠商應付不及，日本車用晶片大廠瑞薩電子（Renesas）的工廠大火，更惡化了這場供應鏈危機。

其次，德州 2021 年 2 月大雪影響到塑膠生產。德州是全球最大石化工業區所在地，石化工業就是將石油、天然氣和其副產物轉化為塑膠的工業。極寒天氣引發的大規模停電，使當地工廠停工數周，導致醫療用面罩、智慧型手機等產品所需的原料短缺。

該次塞船事件，讓原本已經貨源緊張的產品雪上加霜，甚至造成許多產業的成本增加或暫停生產，引發商品漲價的問題。因此以上提及的產品都成為發「災難財」的目標，製造相關產品的公司，例如聯想（0992）及石油類股都能夠沾上邊，因此那段時間，以上股票都獲得市場資金的追捧。

〖 5-9 如何從「中期報告」發現危與機？ 〗

雖說價值投資的核心精神是長期持有，但有時候是需要變通的。萬一所投資的公司出現質變，就要懂得果斷離場。舉例來說，中國通訊設備龍頭的中興通訊（0763），受惠 5G 建設的政策推動；不過，2018 年中興突然被美國制裁，要求停止業務，一度停牌 57 天。之後雖然和解，但從此被美方限制未來 10 年業務發展，包括付出 10 億美元巨額賠償及重組管理層架構等，未來數年的獲利將受到嚴重打擊，中興復牌當日，股價單日大跌 40％。

當然，「中興事件」屬於特殊情況，其他常見質變（如財務狀況轉好或轉壞），其實可透過「中期報告」（類似台灣的季報或年報）了解，包

括閱讀報告中公司的盈虧情況、未來發展計畫、未來獲利成長、管理層觀點等，分析它是危中有機，還是機中有危，然後及時調整投資組合。

盈虧數據

魔鬼往往存在於盈虧數據的細節之中，企業的利潤不一定能反映經營全貌。例如，帳面上是賺錢，但利潤主要是來自「非營業收入」（或母子公司之間的內部交易，即「左手交右手」），這種「收入」肯定靠不住。尤其當這現象成為常態時，企業的發展動力多數會出問題。相反的，如果帳面出現虧損，但只是一次意外事件造成，那麼在下半年或未來一年，公司可能會出現由虧轉盈的現象。

除了看業績成長來源是主要業務的收入增加，還是偶發性收入之外，還要動態分析，包括：和以往 5 年的財報比較，以及與同業表現對比，這樣才可全面解讀盈虧數據的真實內涵。

未來規劃

投資，買的就是未來。在中期報告裡，企業大都會說明未來的規畫。例如當上半年虧損，企業會做什麼動作幫助業績反彈；而獲利暴增的企業，又要如何發展得更好，這些都是潛在題材的催化劑。

當下的虧損，或許會讓股價下跌；當下的獲利，或許會讓股價上漲，但投資市場永遠是動態的，投資人應該主動出擊，發掘當中埋藏的究竟是金礦還是陷阱，並超前部署。

股票紅利

在中期報告裡，有些企業會公布不發放現金股利，而以股票股利取代。企業不想發現金的原因，可能是想保留現金做為業務發展，也可能是因為現金不足，於是用此技巧粉飾帳面，以「送禮」滿足散戶。

由於發放股票股利會放大股本，進而降低股價，增加市場炒作的動力。站在投資者角度，這種手法是危與機並存，一方面該股可能會成為炒作標的；另一方面，或許是誘騙散戶的陷阱。是否要買進，還是先從基本面分析其現金流狀態，了解公司發股票股利的主因吧。

戴維斯雙殺效應

因為股價是由「企業實質獲利」及「市場投資者對獲利的預期」所組成，萬一中期報告出現獲利大跌，超出投資者預期，結果就會對股價造成雙重打擊，導致股價在短時間內急挫，稱為「戴維斯雙殺效應」（Davis double-killing effect）。

舉例來說，2018 年 5 月丘鈦科技（1478）指出，由於採取了價格競爭策略，造成毛利率下跌，遜於市場預期。消息一出，股價在短短 3 日內由 10.3 元急挫至 6.6 元，跌幅高達 35%，由此可見「戴維斯雙殺」的威力。

〖 5-10 從太陽星座鎖定潛力類股 〗

股市如戰場，出奇制勝也是一種策略。本文介紹一種「金融占星學」，即利用宇宙天體的運行周期，判斷金融市場各種標的價格走勢。威廉·江恩（William Delbert Gann）是最為投資者熟悉的代表人物，不過「江恩理論」的應用並不容易，為了讓初學者可以快速熟悉金融占星學的工具，以下表列和「每月星座運勢」概念類似的「太陽星座選股法」。

表 5-10-1　太陽星座選股法

星座（日期範圍）	對應行業
水瓶座（1月21日～2月19日）	科技、電力、航空
雙魚座（2月20日～3月20日）	醫藥、治療、水、海、氣體，石油與天然氣及相關設備、船務、化工、美妝、水務、漁業、電影、化妝品
白羊座（3月21日～4月19日）	運動、汽車、機械、軍事防衛、工業、傳統企業、銀行、地產、建築、製造業、資源（如石油、煤炭）、基建
金牛座（4月20日～5月20日）	美容、彩妝、飲食、衣飾、銀行、金融相關的行業、農作物及家畜類商品
雙子座（5月21日～6月21日）	電信、科技、科網、券商、交通（如鐵路、航空）、零售
巨蟹座（6月22日～7月22日）	水務、航運、漁業、醫護、食品、飲食、地產及家居用品等企業
獅子座（7月23日～8月22日）	博弈業
處女座（8月23日～9月22日）	日常生活用品、民生必需品、醫藥股
天秤座（9月23日～10月23日）	美容化妝、個人護理、服飾、社交
天蠍座（10月24日～11月21日）	財務、保險、銀行、證券、地下資源、煤炭
射手座（11月22日～12月20日）	博弈、運動用品
摩羯座（12月21日～1月20日）	傳統行業、銀行、地產、水電煤等公營事業

資料來源：作者整理

用法非常簡單，選股時只要在當時的時間範圍內，挑選對應的產業即可，以我的經驗來說，這招命中率極高。至於要在該產業買進哪些企業的股票，就必須從基本面及技術面進一步挑選。

「太陽星座選股法」主要目的是縮小選股範圍，並從眾多產業中選出該時期最有潛力上漲的產業。因為從財經占星的角度看，當相關的星象出現，市場的焦點就會對相應產業產生感應，利多消息也會浮現；而太陽做為太陽系最重要的天體，對金融市場的影響力自然最大，且會為該產業帶來正面刺激。

至於星座所對應的行業是如何選定？其實跟命理上「一個人於某時空點誕生，而當時太陽是處哪個星座，這個人就具備該星座某些特質」的理論相似。例如水象的雙魚座對應夢幻、超現實和藝術，所以代表電影、化妝品行業；火象的白羊座，具有競爭、攻擊、走動的特性，所以就和運動、汽車、機械、軍事防衛等有關；風象的雙子座則喜愛溝通、交流及傳播，所以就與券商和網路業有感應。

若想要更深入分析，除了太陽的位置很重要，更要留意木星、金星、土星等其他天體的位置，以及天體之間有沒有影響，但這涉及的內容就非常複雜了。除非你對命理占星已有一定認識，否則現階段先初步摸索「太陽星座選股法」，就很夠用了。

〖 5-11 市場多變，要時刻「Rebalancing」〗

「分散投資」大家都聽過，但「再平衡」（Rebalancing）的概念就比較陌生了。由於市場價格會隨時間變動，所以必須動態地將股票或債券的投資組合重新分配比例，確保組合仍能分散風險。《漫步華爾街》的作者波頓‧墨基爾（Burton Malkiel）認為，透過定期審視投資組合，並適時調整比重，減低投資組合的波動及風險，也可提高報酬率。

假設你認為最適合自己的投資組合比例，是 60％股票及 40％債券。債市和股市的走勢，會改變你的分配比率。市場小幅度的漲跌或許不必理會，但如果短時間內，股市漲了一倍，而債券價格卻維持不變呢？你發現投資組合有六成股票，只有四成是債券，這會改變投資組合的整體風險，遠離你認為的平衡。如果之後股市大跌而債券上漲，就像 2008 年的金融海嘯，你該如何是好？

　　最佳的做法，當然是再平衡投資組合，別讓資產比例離你心中的最佳分配太遠。假設投資組合的股票比例過高，你就可以將所有新增資金及股利全數放於債券（若比例嚴重失衡，可將部分股票的資金轉移至債券）。若組合中的債券比例超過你希望的水準，也可以將資金移至股票。

　　因此，當一種資產價格下跌時，正確的反應是不要恐慌，反而應該買進更多。請牢記，身為一個真正的長期投資者，股價愈低，買進的價格就愈便宜。長遠來說，能夠有紀律地再平衡投資組合的投資者，將會獲得更多回報。

　　另外，分散投資也是降低風險的方法，大部分人都覺得，把本金投資於不同產業的股票，就能達到降低風險的效果；但《平民富翁》作者查爾斯・卡爾森（Charles Carlson）就提出，分散投資同一類型的資產（例如股票），是不夠的，可考慮從以下 3 方面著手：

1. 不同資產類別

　　要將資金分配在股票、債券或其他類型資產，目的在於持有相關性不強的資產類別。顯著的報酬率差異，足以對此理論提供強力的支持。例如，當美國的大型股在 2008 年跌了 37％ 的時候，長期國債就上漲了 9％。

2. 核心衛星策略

　　由相關性不強產品組成的投資組合，可稱為「核心衛星」投資策略。例如，如果你相信被動投資，就可以將大部分資金投資在覆蓋不同類型資

產的指數基金中，並以此做為投資組合的「核心」；核心之外，你可加入其他投資策略，使其成為組合中的「衛星」。

3. 不同時期入市

除組合配置外，定期投資也可分散風險，定期地將資金投入市場，可避免在市場處於高位時，投入所有資金。

以上只是分散投資的大方向，至於如何訂立適合的投資組合比例、每項投資的金額及調整投資組合的時間，都需要深入研究。

〖 5-12 看透主力的操盤手法 〗

即使你已經做好短線及長線的部署，但世事多變，豈可盡如人意？很多投資者買了中小型股或「低價股」後，股價走勢往往讓人意想不到。明明使用技術分析判斷，得出上漲可期的結論，但卻每況愈下；而一些明明沒有前景的股票，卻愈漲愈多，非常詭異。這可能是你買進的股票是有主力操盤的，這時就要考慮是否將該股剔除於投資組合之外了！

主力，一般指能影響股市行情的大戶，他們持有某些企業大量的股票，加上資金龐大，擁有豐富的資訊，所以要「製造」他們想要的股價走勢，是輕而易舉的事，K線組合和技術形態都可能失效，投資者要小心。

主力對散戶來說是又愛又恨，如果沒有主力，投資這類股票一定賺不到錢，但也可能會誤入陷阱被套牢。換另一個角度看，如果能掌握主力常用的操盤手法，往往能跟著大戶的步伐，從中獲取豐厚利潤。以下就看看大戶「吃貨、拉抬、出貨、崩跌」操盤四步驟：

圖 5-12-1　主力操盤四步驟

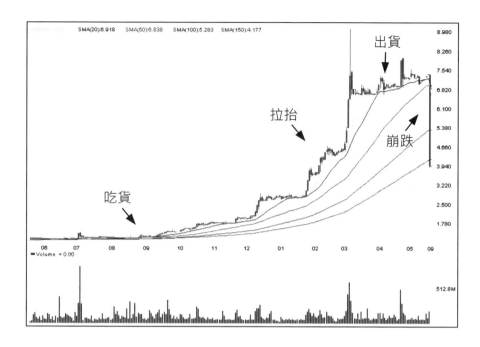

吃貨	主力要拉抬股價,首先是蒐集籌碼,即流通於市面的股票。雖然主力資金多,但不會一次買進大量股票,以免驚動廣大股民,所以這個蒐集過程至少要 9 個月,甚至要 1~2 年。 期間股價會長期低迷,有時會出現些許漲勢,但很快又會下跌,這都是大戶「壓價」的行為,目的是盡量降低成本,把股價壓低,同時嚇走散戶,加快蒐集籌碼的速度。
拉抬	當主力吃到足夠的籌碼,可以進行壓倒性的操盤後,就會進入下一階段。期間我們會在市場收到關於該股的題材消息,目的是吸引更多投資者參與,股價會逐漸上漲並創新高,成交量會溫和放大,期間會出現數次震盪洗盤。然後藉著大盤上漲的趨勢,再度狂拉股價,以熱絡的氣氛吸引更多投資者跟風。
出貨	在拉抬階段的後期,股價已經漲多,主力準備賣出籌碼獲利,即「出貨」。出貨期間,主力會製造股價反彈的假象,讓散戶相信漲勢未完,誘使他們買進。
崩跌	出貨結束後,大部分籌碼又落到散戶手中,股價下跌是很自然的事。如果你在股價高檔買進的話,就要接受被套牢的命運了。

　　主力出貨是機密中的機密,不會有半點風聲漏出,一般散戶難以了解主力的動向。以下嘗試從客觀環境,整理出主力出貨前可能出現的徵兆:

1. 目標價已到

　　主力操盤前,多數已計劃好股價上漲幅度和出貨的價格區域。雖然散戶不是主力肚子裡的蛔蟲,無法知道主力預定的目標價,卻可以根據其持股估算出貨的最低目標價。例如,主力持股 50%,只要大盤狀況不差,股價漲幅會在平均成本的100%以上。

2. 本益比高漲

　　多數主力操作股，股價漲幅可達 3 倍，即使過去只有 20 倍本益比，也會被炒到 60 倍，甚至高達 100 倍，嚴重透支股票的內在價值。但市場最終會回歸真正價值，當發現本益比開始過高時，就要盡快賣出了。

3. 股價該漲不漲

　　當股票基本面和技術面都大好，並持續有利多消息時，若發現股價上漲無力，在成交量持續放大的情況下，股價仍無法創新高，甚至逐步下跌，就說明主力正在減碼或出貨了。

　　另外，也可以從分鐘圖捕捉大戶手法。舉例，2021 年 2 月 3 日，阿里巴巴（9988）開低走高，在公布業績後，一開盤即跳空向下，從 260 元跌至約 250 元，而且幾乎都在某個價位徘徊，到尾盤時，卻以一支長紅 K 線配合高成交量收盤，反而漲了 10 元。究竟這是什麼古怪的操盤手法？

圖 5-12-2　阿里巴巴（9988）5 分鐘圖走勢

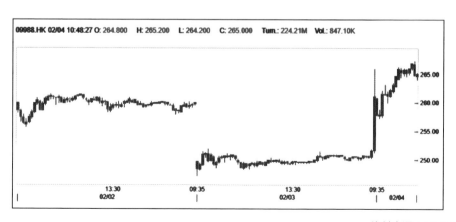

資料來源：aastock

以下簡單說明兩種常見的「人為」收盤操作：

1. 收盤前瞬間拉高

即類似阿里巴巴的情況，於收盤前 1 分鐘突然出現一筆大買盤，把股價拉至高點。原因是主力資金實力有限，為節省資金，又能讓股價收盤收在較高或突破某個壓力的關鍵價位，於是決定在尾盤進行「突襲」，瞬間拉高。

就像阿里巴巴收盤前約 250 元，主力欲使其收在 260 元，若一開始就拉升至 260 元，為了把價位維持在 260 元至收盤，就要在 260 元買下大量股票，需要很多的資金；而在尾盤偷襲，讓大多數人很難即時反應，即使反應過來也收盤了，無法賣出。主力因此達到吃貨的目的，未來阿里巴巴應仍有一波漲勢，可能重回 300 元。

2. 收盤前瞬間急跌

這是與上述相反的情況，即在收盤前 1 分鐘，突然出現一筆大賣盤，把股價拉至低檔 。主力的目的是什麼呢？第一，這會使 K 線圖上出現大長黑線或十字線等較「難看」的線形，使持股者恐慌，而達到震盪洗盤的目的，方便主力於隔日用低價買進散戶手上的籌碼；第二，使隔日能夠大漲，吸引投資者的注意，預示未來股價將上漲。

震盪洗盤 vs.出貨

「震盪洗盤」是很多投資者常聽到的名詞，主要是指主力拉抬一檔股票前的操盤手法。

對主力來說，在市場吸收到某檔股票一定數量的籌碼之後，必然會利用「震盪洗盤」趕跑一些在低價位買進以及在高檔套牢的散戶。因為這些散戶所持有的籌碼，會在主力未來拉抬股價的過程中造成阻礙，因此會利用高賣低買的手法，拉大散戶與主力的持股成本差距，進而增加主力的籌碼數量，得以控制股價。

重點來了，主力如何「震盪洗盤」呢？一般的手法是製造出貨的假象，利用大黑 K 線與高檔爆大量的型態，讓散戶認為主力正在出貨，當看見股價爆量大跌時，散戶會因為害怕獲利萎縮或虧損，自然會將手上持股賣出，主力便達到清洗浮額的目的。

散戶該如何判斷是「震盪洗盤」還是「出貨」？一般要先看股價是否脫離底部階段，還是歷經前一次高點的壓力。如果是「震盪洗盤」，多數會在急跌後，於重要支撐點位止跌。

其次要留意成交量變化，主力在製造大跌恐慌的景象後，會出現兩種走勢：一種是震盪過程中，成交量在 3 日內急縮至約 1/3，讓籌碼快速安定；另一種是在震盪過程中日漸縮量，約維持 2 成以上的遞減，直至成交量縮至月均量附近。

圖 5-12-3　雷蛇（1337）日線圖

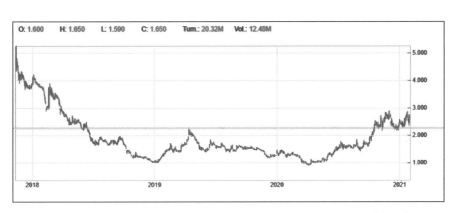

資料來源：aastock

那麼「震盪洗盤」的時間大概多長呢？3 個月、半年、一年？用雷蛇（1337）為例，時間長達約 3 年。自 2017 年底雷蛇在上市首日見最高價 5.49 元後，就持續下跌至 2019 年初，跌到 1.01 元，跌了逾 8 成，之後在低檔盤整。2020 年 4 月，再跌至前低時已見買盤承接，反映主力已在當時築好底部。而 2019 年 4 月出現的短期高點（約 2.2 元），在 2020 年 10 月突破後，期間都持續觸及，並有支撐，表示雷蛇已進入第二階段的「震盪洗盤」。按此趨勢，股價可能重回當年上市價 3.88 元。

6

善用網上工具
分析股票

〖 6-1 查詢個股的基本資料 〗

　　現在網路十分普及，只要利用電腦或手機進入線上免費的報價網站，即可獲得你需要的股票資訊，甚至還有充分的數據資料，供你分析之用。以下分別舉香港與台灣的例子說明：

香港

　　Step 1：輸入網址：www.aastocks.com，進入阿思達克財經

圖 6-1-1　阿思達克財經首頁

圖片來源：aastock

Step 2：進入網站後，在左上角輸入想查詢的股票代碼，如「700」（騰訊），再按「即時報價」。

Step 3：進入新畫面，可得知該股的目前價位、成交量及漲跌幅等數據。然後，再按左欄的「詳細報價」。

圖 6-1-2　個股即時報價

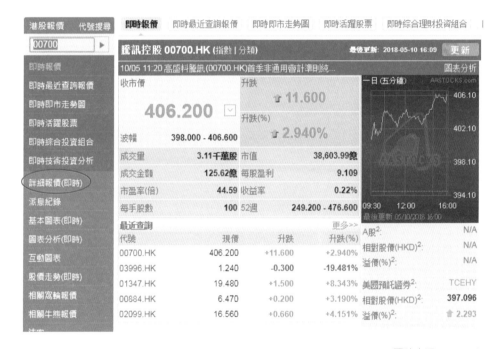

圖片來源：aastock

Step 4：在這個畫面，可以查詢該股眾多常用的基本財務資料，包括：市盈率（本益比）、市賬率（股價淨值比）、每股盈利（每股盈餘）等。

圖 6-1-3　詳細報價

圖片來源：aastock

　　Step 5：按上欄的「公司資料」。

　　Step 6：進入新畫面後，就可以查詢該股的各種資料，包括：公司背景、損益表、財務狀況表、現金流量表和財務比率等。如果你只需要簡單的數據，在這裡查詢，會比到「港交所披露易」下載相關財報更方便。

圖 6-1-4 公司資料

公司概括　**公司資料**　基本數據　財務比率　損益表　現金流量表　資產負債表　盈利摘要

公司資料

主要股東	MIH TC Holdings Limited (33.17%) Advance Data Services Limited (8.63%)
公司董事	馬化騰(主席，首席執行官兼執行董事) 劉熾平(執行董事) Charles St Leger Searle(非執行董事) Jacobus Petrus Bekker(非執行董事) 李東生(獨立非執行董事) Iain Ferguson Bruce(獨立非執行董事) Ian Charles Stone(獨立非執行董事) 楊紹信(獨立非執行董事)
相關上市公司	騰訊控股所持有的上市公司

代號	公司名稱	持股數量	持股比率%	更新日期
00136	恒騰網絡集團有限	16,408,738,489	21.99	2016/12/31
00419	華誼騰訊娛樂有限	2,116,251,467	15.68	2017/12/31
00772	閱文集團	522,305,634	57.62	2017/12/31
01668	華南城控股有限公	925,100,000	11.55	2016/12/31
02858	易鑫集團有限公司	1,312,059,280	20.90	2017/11/16
03888	金山軟件有限公司	106,784,515	8.13	2017/12/31

圖片來源：aastock

圖 6-1-5 損益表

損益表　　　　　　　　　　　　　　　　　　　　　　　顯示所有　全年 ▼

截止日期	2013/12	2014/12	2015/12	2016/12	2017/12	走勢
營業總額	60,437,000	78,932,000	102,863,000	151,938,000	237,760,000	
營業額	60,437,000	78,932,000	102,863,000	151,938,000	237,760,000	
營業額(其它)	-	-	-	-	-	
銷售成本	27,778,000	30,873,000	41,631,000	67,439,000	120,835,000	
毛利	32,659,000	48,059,000	61,232,000	84,499,000	116,925,000	
除稅前溢利	19,281,000	29,013,000	36,216,000	51,640,000	88,215,000	
經營溢利	19,194,000	30,542,000	40,627,000	56,117,000	90,302,000	
特殊項目						
聯營公司	171,000	-347,000	-2,793,000	-2,522,000	821,000	
非經營項目	-84,000	-1,182,000	-1,618,000	-1,955,000	-2,908,000	
稅項	3,718,000	5,125,000	7,108,000	10,193,000	15,744,000	
少數股東權益	61,000	78,000	302,000	352,000	961,000	
股東應佔溢利	15,502,000	23,810,000	28,806,000	41,095,000	71,510,000	

圖片來源：aastock

圖 6-1-6　現金流量表

現金流量表					全年 ▼
截止日期	2013/12	2014/12	2015/12	2016/12	2017/12　走勢
經營活動之現金流量	27,492,000	37,414,000	50,478,000	76,034,000	120,002,000　▂▃▄▆█
投資回報及融資費用之現金流量	-454,000	-161,000	-400,000	-2,169,000	-460,000
已收利息	536,000	1,468,000	2,274,000	1,718,000	3,529,000
已付利息	-	-	-	-	-
已收股息	551,000	290,000	515,000	719,000	2,009,000
已付股息	-1,541,000	-1,919,000	-3,189,000	-4,606,000	-5,998,000
其他	-	-	-	-	-
退回/(已繳)稅項	-3,118,000	-4,703,000	-5,047,000	-10,516,000	-13,862,000
投資活動之現金流量	-20,221,000	-30,146,000	-66,394,000	-73,360,000	-101,930,000　▁▂▄▅█

圖片來源：aastock

圖 6-1-7　資產負債表

資產負債表					－ 顯示所有　全年 ▼
截止日期	2013/12	2014/12	2015/12	2016/12	2017/12　走勢
非流動資產 －	53,549,000	95,845,000	151,440,000	246,745,000	376,226,000　▁▂▃▅█
固定資產	9,564,000	12,767,000	16,806,000	19,928,000	29,508,000
投資	24,510,000	67,412,000	111,284,000	165,865,000	271,799,000
其他資產	19,475,000	15,666,000	23,350,000	60,952,000	74,919,000
流動資產 －	53,686,000	75,321,000	155,378,000	149,154,000	178,446,000　▁▂█▇█
現金及銀行結存	43,982,000	53,511,000	80,769,000	122,972,000	144,027,000
應收賬款	2,955,000	4,588,000	7,061,000	10,152,000	16,549,000
存貨	1,384,000	244,000	222,000	263,000	295,000
其他流動資產	5,365,000	16,978,000	67,326,000	15,767,000	17,575,000

圖片來源：aastock

台灣

Step 1：輸入網址

goodinfo.tw/StockInfo/index.asp，進入台灣股市資訊網後，在右上角輸入想查詢的股票號碼，如 2330（台積電）。進入畫面，可以看到該股當日相關價格、成交量及漲跌幅等數據。

圖 6-1-8　台灣股市資訊網首頁

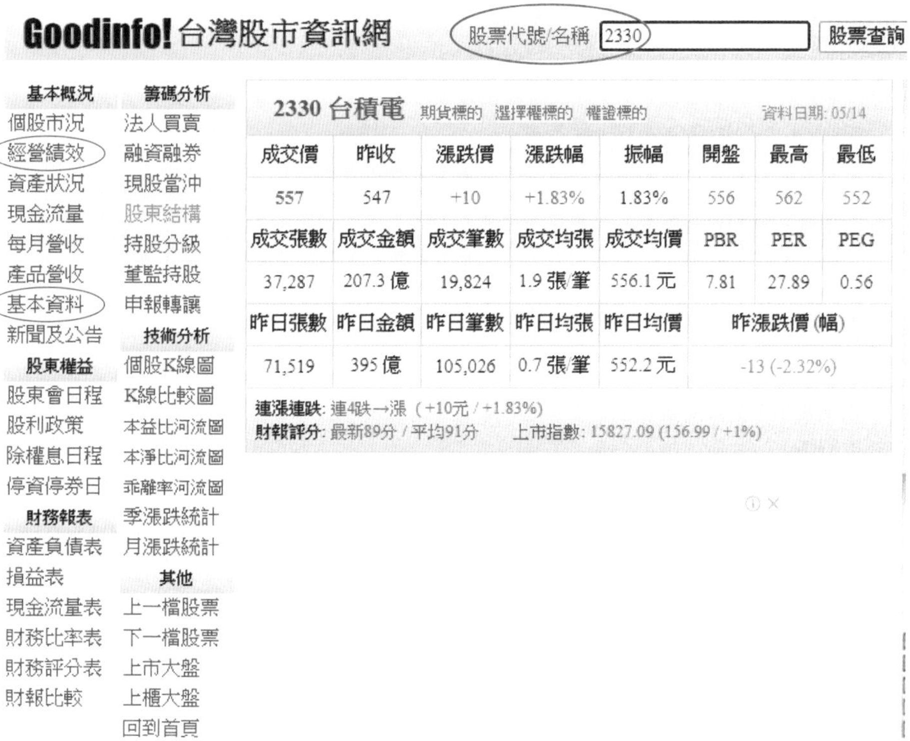

成交價	昨收	漲跌價	漲跌幅	振幅	開盤	最高	最低
557	547	+10	+1.83%	1.83%	556	562	552
成交張數	成交金額	成交筆數	成交均張	成交均價	PBR	PER	PEG
37,287	207.3 億	19,824	1.9 張/筆	556.1 元	7.81	27.89	0.56
昨日張數	昨日金額	昨日筆數	昨日均張	昨日均價	昨漲跌價 (幅)		
71,519	395 億	105,026	0.7 張/筆	552.2 元	-13 (-2.32%)		

連漲連跌: 連4跌→漲（+10元 / +1.83%）
財報評分: 最新89分 / 平均91分　上市指數: 15827.09 (156.99 / +1%)

圖片來源：台灣股市資訊網

Step 2：按圖 6-1-8「基本資料」欄位，可查詢該公司產業別、資本額、市值、經營階層等基本資料。

圖 6-1-9　基本資料

公司基本資料

股票代號	2330	股票名稱	台積電
產業別	半導體業	上市/上櫃	上市
公司名稱	台灣積體電路製造股份有限公司		
英文簡稱	TSMC		
成立日期	1987/02/21（成立 34年）		
上市日期	1994/09/05（上市 26年）		
資本額	2593 億元	每股面值	新台幣 10 元
目前市值	14.4 兆元	公司債發行	有
發行股數	25,930,380,458 股 (含私募0股)	特別股	0 股
財報編製類型	合併	盈餘分派頻率	每季
董事長	劉德音		
總經理	總裁 魏哲家		
發言人	黃仁昭	發言人職稱	副總經理暨財務長
代理發言人	高孟華		
統一編號	22099131		
總機電話	03-5636688		
傳真電話	03-5797337		
公司電郵	invest@tsmc.com		
公司網址	http://www.tsmc.com		
中文地址	新竹科學園區力行六路8號		

圖片來源：台灣股市資訊網

Step 3：按圖 6-1-8「經營績效」欄位，可查詢該股歷年營收、毛利、淨利、每股盈餘等數據。

圖 6-1-10　歷年經營績效

年度	股本(億)	財報評分	年度股價(元)				獲利金額(億)					獲利率(%)				ROE(%)	ROA(%)	EPS(元)		BPS(元)
			收盤	平均	漲跌	漲跌(%)	營業收入	營業毛利	營業利益	業外損益	稅後淨利	營業毛利	營業利益	業外損益	稅後淨利			稅後EPS	年增(元)	
2021	-	-	557	604	+27	+5.1	-	-	-	-	-	-	-	-	-	-	-	-	-	-
2020	2,593	89	530	379	+199	+60.1	13,393	7,111	5,668	180	5,179	53.1	42.3	1.34	38.7	29.8	20.6	19.97	+6.65	71.33
2019	2,593	89	331	262	+105.5	+46.8	10,700	4,927	3,727	171	3,453	46	34.8	1.6	32.3	20.9	15.9	13.32	-0.22	62.53
2018	2,593	94	225.5	237	-4	-1.7	10,315	4,979	3,836	139	3,511	48.3	37.2	1.35	34	21.9	17.2	13.54	+0.31	64.67
2017	2,593	91	229.5	210	+48	+26.4	9,774	4,948	3,856	106	3,431	50.6	39.4	1.08	35.1	23.6	17.7	13.23	-0.34	58.7
2016	2,593	91	181.5	166	+38.5	+26.9	9,479	4,748	3,780	80	3,342	50.1	39.9	0.84	35.3	25.6	18.9	12.89	+1.07	53.58
2015	2,593	94	143	140	+2	+1.4	8,435	4,104	3,200	304	3,066	48.7	37.9	3.6	36.3	27	19.4	11.82	+1.64	47.11
2014	2,593	91	141	123	+35.5	+33.6	7,628	3,777	2,959	62.1	2,639	49.5	38.8	0.81	34.6	27.9	19.1	10.18	+2.92	40.32
2013	2,593	89	105.5	104	-8.5	+8.8	5,970	2,809	2,094	60.6	1,881	47.1	35.1	1.01	31.5	23.9	16.9	7.26	-0.84	32.69
2012	2,592	89	97	84.1	+21.2	+28	5,067	2,441	1,812	5	1,663	48.2	35.8	0.1	32.8	24.5	19.1	6.42	+1.24	27.9
2011	2,592	94	75.8	72.1	-4.8	+6.8	4,271	1,941	1,416	35.9	1,342	45.5	33.1	0.84	31.5	22.2	18	5.18	-1.06	24.29
2010	2,591	96	71	62	+6.5	+10.1	4,195	2,071	1,592	111	1,616	49.4	37.9	2.64	38.7	30.1	24.7	6.24	+2.79	22.16
2009	2,590	91	64.5	55.5	+20.1	+45.3	2,957	1,293	920	35	892	43.7	31.1	1.18	30.3	18.3	15.5	3.45	-0.41	19.11
2008	2,563	94	44.4	56.4	-17.6	-28.4	3,332	1,417	1,044	70.4	999	42.5	31.3	2.11	30.2	20.7	17.8	3.86	-0.28	18.59
2007	2,643	94	62	65.5	-5.5	-8.1	3,226	1,424	1,117	99.2	1,092	44.1	34.6	3.07	34.1	22	19	4.14	-0.79	19.03
2006	2,583	96	67.5	61.3	+5	+8	3,174	1,558	1,273	61	1,270	49.1	40.1	1.92	40.1	26.6	23	4.93	+1.14	19.69
2005	2,473	94	62.5	54.1	+12	+23.8	2,666	1,182	910	32.9	936	44.3	34.1	1.24	35.1	22.2	18.4	3.79	-0.18	18.04
2004	2,325	89	50.5	52.4	-13	-20.5	2,572	1,158	885	34.8	923	45	34.4	1.35	35.9	25.4	20.4	3.97	+1.64	17.19

圖片來源：台灣股市資訊網

Step 4：另外，也可查詢該公司損益表、現金流量表、資產負債表等。如果你只需要查找簡單數據，在這裡查詢相關資料，會比到公開資訊觀測站下載相關財報方便。

圖 6-1-11　損益表

2330 台積電 累季損益表 (合併)　(單位:億元)

[合併報表 – 累季 ▾]　[2020Q4 ▾]　[匯出XLS]　[匯出HTML]

本業獲利	2020Q4		2020Q3		2020Q2		2020Q1		2019Q4		2019Q3		2019Q2	
	金額	%	金額	%	金額	%	金額	%	金額	%	金額	%	金額	%
營業收入	13,393	100	9,777	100	6,213	100	3,106	100	10,700	100	7,527	100	4,597	100
營業成本	6,281	46.9	4,618	47.2	2,958	47.6	1,498	48.2	5,773	54	4,193	55.7	2,657	57.8
營業毛利	7,111	53.1	5,160	52.8	3,255	52.4	1,608	51.8	4,927	46	3,335	44.3	1,940	42.2
已實現銷貨損益	-0.16	0	-0.64	-0.01	-0.77	-0.01	-0.077	0	0.034	0	0.43	0.01	0.62	0.01
營業毛利淨額	7,111	53.1	5,159	52.8	3,254	52.4	1,608	51.8	4,927	46	3,335	44.3	1,941	42.2
推銷費用	71.13	0.53	51.19	0.52	31.84	0.51	14.51	0.47	63.49	0.59	45.4	0.6	29.43	0.64
管理費用	284.6	2.12	220.7	2.26	128	2.06	59.03	1.9	217.4	2.03	142.4	1.89	84.29	1.83
研究發展費用	1,095	8.18	795.5	8.14	498.6	8.03	249.7	8.04	914.2	8.54	657.8	8.74	418.1	9.1
營業費用	1,451	10.8	1,067	10.9	658.4	10.6	323.2	10.4	1,195	11.2	845.6	11.2	531.8	11.6
其他收益及費損合計	7.1	0.05	5.05	0.05	0.6	0.01	0.68	0.02	-4.96	-0.05	-4.81	-0.06	-3.35	-0.07
營業利益	5,668	42.3	4,097	41.9	2,596	41.8	1,285	41.4	3,727	34.8	2,485	33	1,406	30.6

業外損益	2020Q4		2020Q3		2020Q2		2020Q1		2019Q4		2019Q3		2019Q2	
	金額	%	金額	%	金額	%	金額	%	金額	%	金額	%	金額	%
利息收入	90.18	0.67	73.65	0.75	54.67	0.88	-	-	161.9	1.51	128.7	1.71	89.56	1.95
其他收入	6.61	0.05	4.62	0.05	3.44	0.06	31	1	4.17	0.04	2.46	0.03	2.44	0.05
其他利益及損失	68.03	0.51	52.54	0.54	26.53	0.43	3.31	0.11	9.44	0.09	1.17	0.02	-3.41	-0.07
財務成本	20.81	0.16	13.13	0.13	9.4	0.15	5.31	0.17	32.51	0.3	26.07	0.35	17.64	0.38

圖片來源：台灣股市資訊網

圖 6-1-12　現金流量表

2330 台積電 累季現金流量表 (合併)　(單位:億元)

合併報表 – 累季　▾　　2020Q4 ▾　　匯出XLS　匯出HTML

營業活動	2020Q4	2020Q3	2020Q2	2020Q1	2019Q4	2019Q3	2019Q2	2019Q1	2018Q4	2018Q3
本期淨利(淨損)	5,848	4,237	2,685	1,321	3,898	2,611	1,487	681.8	3,975	2,864
繼續營業單位淨利(淨損)	5,848	4,237	2,685	1,321	3,898	2,611	1,487	681.8	3,975	2,864
折舊費用	3,245	2,289	1,361	670.8	2,814	2,153	1,499	761.9	2,881	2,133
攤銷費用	71.86	52.73	33.64	14.71	54.72	40.78	26.99	13.55	44.21	31.97
呆帳費用提列(轉列收入)數	0.037	0.042	0.002	0.016	0.017	0.027	-0.01	-0.049	-0.024	-0.023
透過損益按公允價值衡量金融資產及負債之淨損失(利益)	-0.03	-0.024	0.034	0.029	9.56	9.58	8.9	3.38	3.58	2.45
利息費用提列(迴轉)數	20.81	13.13	9.4	5.31	32.51	26.07	17.64	8.99	30.51	21.75
利息收入	-90.18	-73.65	-54.67	-29.89	-161.9	-128.7	-89.56	-44.09	-146.9	-105.4
股利收入	-6.38	-4.53	-3.42	-1.11	-4.17	-2.46	-2.44	0	-1.58	-1.58
股份基礎給付酬勞成本	0.066	0.049	0.03	0.014	0.028	0.014	0	0	0	0
採用權益法認列之關聯企業及合資損失(利益)之份額	-35.93	-22.38	-14.05	-7.26	-28.44	-19.78	-10.62	-4.33	-30.58	-19.46
處分及報廢固定資產損失(利益)	-1.89	-1.52	-0.063	-0.35	9.5	8.66	7	4.21	10.06	7.89
處分無形資產損失(利益)	0.006	0.006	0	-	0.024	0.024	0.024	-	-0.004	-0.004
投資損失(利益)	-14.39	-13.27	-9.27	-1.79	-5.38	-4.99	-1.72	0.53	9.89	7.75

圖 6-1-13 資產負債表

2330 台積電 單季資產負債表 (合併) (單位:億元)

合併報表 - 單季 ⌄ | 2020Q4 ⌄ | 匯出XLS | 匯出HTML

資產	2020Q4 金額	%	2020Q3 金額	%	2020Q2 金額	%	2020Q1 金額	%	2019Q4 金額	%	2019Q3 金額	%	2019Q2 金額	%
現金及約當現金	6,602	23.9	6,042	22.9	4,676	19.1	4,308	18.4	4,554	20.1	4,524	21.2	6,497	29
公平價值衡量列入損益之金融資產–流動	22.59	0.08	25.26	0.1	7.89	0.03	12.54	0.05	3.27	0.01	3.22	0.02	13.23	0.06
公平價值衡量列入其他綜合損益之金融資產–流動	1,224	4.44	1,286	4.88	1,294	5.28	1,292	5.51	1,274	5.63	1,321	6.19	1,136	5.07
避險之衍生性金融資產–流動	0	0	0	0	0	0	0	0	0.26	0	0.37	0	0.006	0
以攤銷後成本衡量之金融資產–流動	65.98	0.24	70.9	0.27	72.1	0.29	3.02	0.01	3	0.01	0	0	0	0
短期投資合計	1,313	4.76	1,382	5.24	1,374	5.61	1,308	5.58	1,280	5.65	1,325	6.21	1,149	5.13
應收帳款	1,455	5.27	1,617	6.14	1,487	6.07	1,460	6.23	1,389	6.13	1,442	6.76	1,157	5.17
應收帳款–關係人	5.58	0.02	8.78	0.03	8.92	0.04	4.28	0.02	8.62	0.04	11.81	0.06	4.05	0.02
其他應收款–關係人	0.51	0	0.41	0	25.81	0.11	0.6	0	0.52	0	0.57	0	15.42	0.07
所有應收款項合計	1,461	5.29	1,626	6.17	1,522	6.21	1,465	6.25	1,398	6.17	1,455	6.82	1,177	5.25
存貨	1,374	4.98	1,095	4.16	857.9	3.5	782.8	3.34	829.8	3.66	966.9	4.53	1,082	4.83
其他流動資產	172.7	0.63	151.3	0.57	170.5	0.7	161.6	0.69	163.6	0.72	223.4	1.05	196.6	0.88
流動資產合計	10,922	39.6	10,297	39.1	8,600	35.1	8,025	34.2	8,226	36.3	8,494	39.8	10,102	45.1

圖片來源:台灣股市資訊網

〚 6-2 與同業比較財務數據 〛

第 3 章提過,進行基本分析時,企業的財務數據都必須與同業比較才有意義。這裡介紹香港與台灣方便查詢的網站。

香港

Step 1:在上一章節的 Step 4 畫面,按「同業」欄位。

圖 6-2-1 查詢個股與同業比較

圖片來源：aastock

Step 2：進入新畫面後，首先會在上半部看到該股與該產業的平均水準相較，數據包括：當日的股價漲跌幅、成交量及本益比。

圖 6-2-2 比較漲跌幅、成交量……

圖片來源：aastock

Step 3：在同一畫面的下半部，就是該產業相關個股的數據，包括股價漲跌幅、成交量、本益比等。

圖 6-2-3　該產業相關個股數據

名稱 / 代號	港股通/AH	現價¹	升跌	升跌(%)	成交量	成交金額	市盈率	市賬率	收益率	市值
中國數碼信息 00250 HK		0.083	+0.002	+2.469%	99.00萬	8.15萬	33.20	0.93	0.00%	16.53億
百富環球 00327 HK	通	3.850	-0.030	-0.773%	2.53百萬	9.75百萬	7.14	1.23	2.08%	42.36億
中國智能集團 00395 HK		0.110	+0.002	+1.852%	1.58百萬	17.19萬	N/A	5.11	0.00%	5.24億
科通芯城 00400 HK	通	4.460	-0.010	-0.224%	3.51百萬	1.58千萬	11.57	1.67	0.00%	65.62億
博雅互動 00434 HK		3.310	-0.010	-0.301%	48.70萬	1.61百萬	9.54	1.13	0.00%	25.42億
雲遊控股 00484 HK 3月低		8.780	-0.520	-5.591%	1.90百萬	1.68千萬	N/A	1.03	0.00%	12.13億
智易通 00536 HK		1.380	-0.020	-1.429%	1.42百萬	1.97百萬	13.94	3.13	6.30%	10.97億
太平洋網絡 00543 HK		1.390	+0.020	+1.460%	58.82萬	82.21萬	9.36	1.40	9.07%	15.76億
未來世界金融 00572 HK		0.242	-0.013	-5.098%	6.54千萬	1.61千萬	15.03	2.50	0.00%	23.68億
騰訊控股 00700 HK 52週高	通	470.800	+10.800	+2.348%	1.90千萬	88.82億	96.66	22.99	0.13%	44,721.56億
閱文集團 00772 HK		84.400	-0.400	-0.472%	1.36百萬	1.16億	N/A	N/A	0.00%	765.02億
網龍 00777 HK	通	22.050	-0.250	-1.121%	1.07百萬	2.38千萬	N/A	2.55	0.90%	117.81億

圖片來源：aastock

Step 4：按上欄的「財務比率」。

圖 6-2-4　財務比率比較

概覽 波幅 股價表現 財務比率 財務比率(銀行) 盈利摘要

名稱／代號	港股通/AH	現價[1]	升跌	升跌(%)	成交量
中國數碼信息 00250.HK		0.083	+0.002	+2.469%	99.00萬
百富環球 00327.HK	通	3.850	-0.030	-0.773%	2.53百萬
中國智能集團 00395.HK		0.110	+0.002	+1.852%	1.58百萬
科通芯城 00400.HK	通	4.460	-0.010	-0.224%	3.51百萬
博雅互動 00434.HK		3.310	-0.010	-0.301%	48.70萬

圖片來源：aastock

Step 5：進入新畫面，即可獲得更多同產業個股的財務比率比較資訊，包括：資產報酬率（ROA）、毛利率及配息率等。

圖 6-2-5　同產業個股財務比率比較

概覽 波幅 股價表現 財務比率 財務比率(銀行) 盈利摘要									只顯示港股通股票 全年 ▼
代號 名稱	現價[1]	變現能力		投資回報		盈利能力		投資收益	價值能力	截至
		流動比率	速動比率	資產回報率	股本回報率	毛利率	邊際利潤率	派息比率	償還股本比率	
00250 HK 中國數碼信息	0.082	2.35	2.35	1.91%	2.76%	82.92%	6.01%	N/A	8.79%	2016/12
00327 HK 百富環球	3.860	4.56	3.92	13.56%	17.34%	43.30%	20.62%	14.84%	N/A	2016/12
00395 HK 中國智能集團	0.110	1.30	1.29	-59.16%	-159.02%	53.66%	-603.49%	N/A	16.25%	2016/12
00400 HK 科通芯城	4.460	1.67	1.39	5.54%	13.30%	8.22%	3.70%	N/A	105.47%	2016/12
00434 HK 博雅互動	3.310	6.80	6.80	9.25%	10.45%	63.30%	28.35%	N/A	N/A	2016/12
00484 HK 雲遊控股	8.780	7.44	7.44	-34.01%	-37.31%	20.07%	-109.30%	N/A	N/A	2016/12
00536 HK 皆易通	1.370	0.47	0.47	14.04%	22.62%	100.00%	34.26%	87.68%	N/A	2016/12
00543 HK 太平洋網絡	1.390	2.89	2.89	11.06%	14.94%	62.53%	15.52%	84.96%	N/A	2016/12
00572 HK 未來世界金融	0.242	2.90	2.90	12.23%	15.50%	99.81%	124.35%	N/A	18.23%	2016/12
00700 HK 騰訊控股	471.600	1.47	1.47	10.38%	23.53%	55.61%	27.05%	12.52%	60.72%	2016/12
00772 HK 閱文集團	84.800	1.28	1.19	0.51%	0.71%	41.26%	1.43%	N/A	10.48%	2016/12
00777 HK 網龍	22.100	2.17	1.95	-4.24%	-5.26%	56.92%	-7.26%	-43.49%	3.45%	2016/12
00799 HK IGG	8.960	4.74	4.74	29.83%	37.06%	67.96%	22.55%	42.46%	N/A	2016/12

圖片來源：aastock

台灣

Step 1：輸入網址：pchome.megatime.com.tw 進入 PChome 股市首頁，在右上角輸入股票代號如2330（台積電）搜尋。

圖 6-2-6　PChome 股市首頁

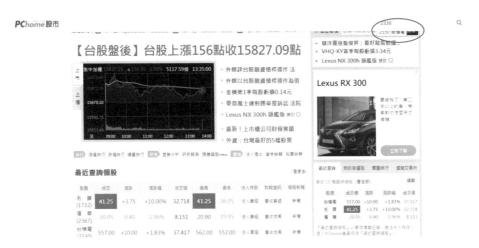

圖片來源：PChome 股市

Step 2：進入台積電個股畫面後，上半部分是台積電與自身產業的平均水準比較，數據包括：股價、營業毛利率、營業利益率、稅後淨利率、EPS、本益比等。畫面的下半部分，就是該產業其他相關個股的數據。

圖 6-2-7　與同產業比較

PChome 股市　首頁　大盤　自選股　新聞　排行　選股　類股　分類報價　個股PK　權證　期權　金牛旺財

產業比較

資料日期: 2021-05-13

股票名稱	股價(元)	營業毛利率(%)	營業利益率(%)	稅後淨利率(%)	EPS(元)	ROE(%)	ROA(%)	本益比	股價淨值比
產業平均值	117.88	31.31	7.52	15.40	2.08	4.63	2.99	34.41	3.33
台積電(2330)	-	-	-	-	-	-	-	-	-
麗　正(2302)	-	-	-	-	-	-	-	-	-
聯　電(2303)	47.55	26.53	16.18	21.00	0.85	4.07	2.66	15.75	2.36
華　泰(2329)	14.95	13.67	7.22	5.82	0.40	2.86	1.59	-	1.41
旺　宏(2337)	38.00	34.29	12.13	9.52	0.50	2.49	1.50	14.02	1.88
光　罩(2338)	-	-	-	-	-	-	-	-	-
茂　矽(2342)	-	-	-	-	-	-	-	-	-
華邦電(2344)	28.85	37.56	10.77	8.01	0.40	2.37	1.39	38.47	1.69
順　德(2351)	75.60	19.63	10.91	7.82	1.02	3.14	1.87	28.31	2.35
矽　統(2363)	19.00	36.10	-155.51	-2.25	-	-0.01	-0.01	-	0.65

圖片來源：PChome 股市

〖 6-3 用技術指標看懂 K 線圖 〗

第 4 章介紹了不少技術分析方法,可以做為判斷買入和賣出的訊號,而相關的股價 K 線圖與技術分析工具,都可以在網路上找到,並免費使用。只要需要簡單設定,就能科學化地做出買賣決策。這裡介紹香港與台灣的免費網站。

香港

Step 1:回到查詢個股「基本資料」的畫面。

圖 6-3-1　查詢個股「基本資料」

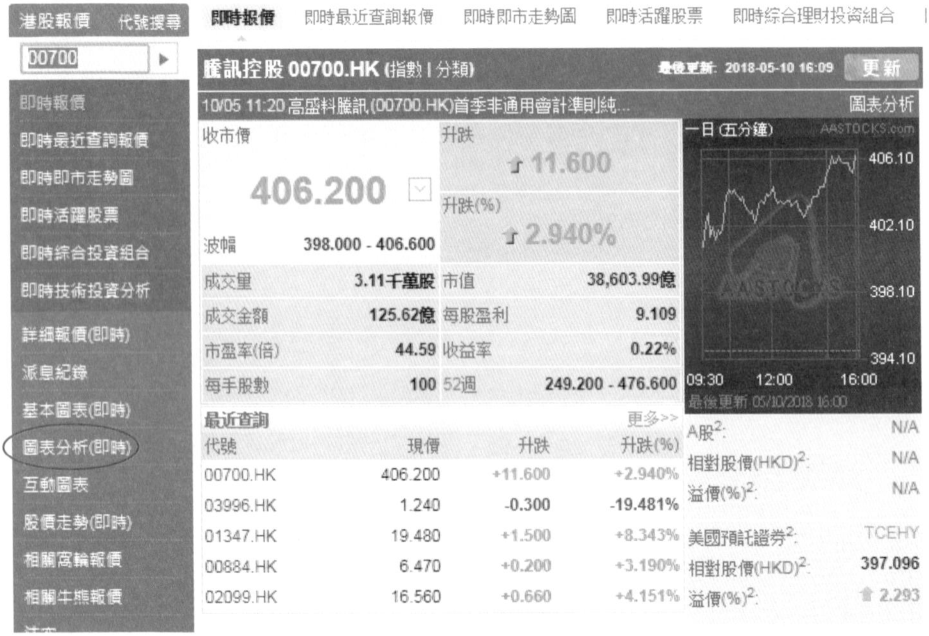

圖片來源:aastock

Step 2：選按左欄的「圖表分析」。

Step 3：進入新畫面後，可以看到該個股的股價走勢，並且可以設定「時段」及 K 線圖的周期（日線／週線／月線）。

圖 6-3-2　個股股價走勢

圖片來源：aastock

Step 4：在畫面右方，可看到各種技術指標，包括各類天數的均線、保力加（布林）通道、成交量、RSI 和 MACD 等；只要選取所需要的指標，並按「繪畫」，即可看到原本的股價圖會出現相關的技術指標數據。

圖 6-3-3　設定技術指標　　　　**圖 6-3-4　股價搭配技術指標**

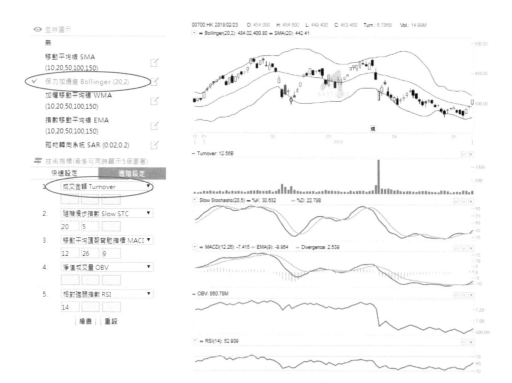

圖片來源：aastock

台灣

Step 1：輸入網址：wantgoo.com 進入玩股網首頁，在最上方輸入股票代號如2330（台積電）搜尋。

圖 **6-3-5**　玩股網首頁

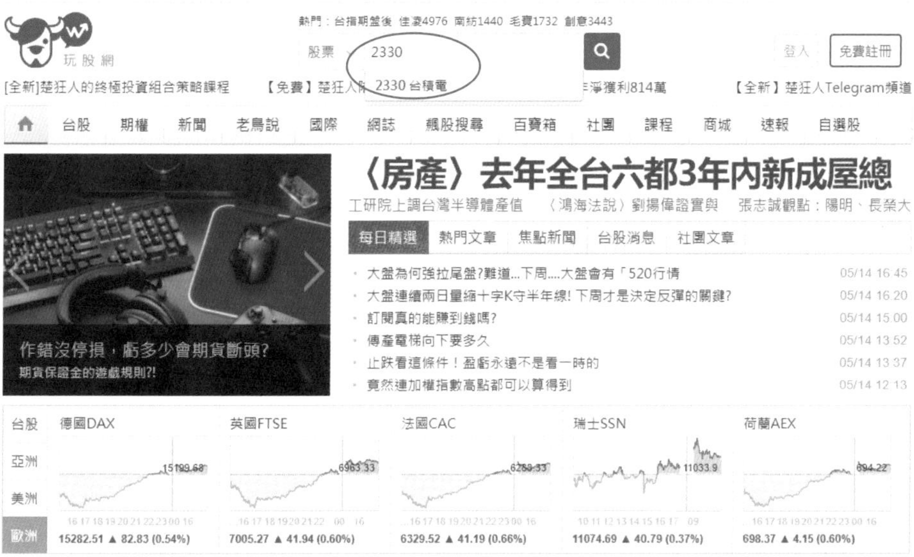

圖片來源：玩股網

Step 2：進入台積電個股畫面後，選擇「技術分析」欄位。

圖 6-3-6　進入「技術分析」頁面

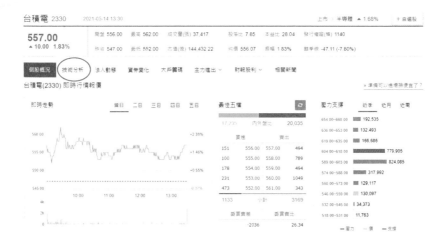

Step 3：進入技術分析頁面後，可以看到該個股的股價走勢，並可選擇 K 線時段（3 個月／6 個月／12 個月）與種類（日線／周線／月線）。

圖 6-3-7　個股股價走勢

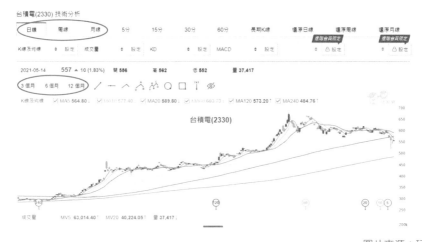

Step 4：在畫面左方，可選擇各種技術指標，包括成交量、KD、RSI、MACD、布林通道等，只要選擇所需指標，即可看到原本的股價圖會出現相關的技術指標數據。

圖 6-3-8　選擇所需技術指標

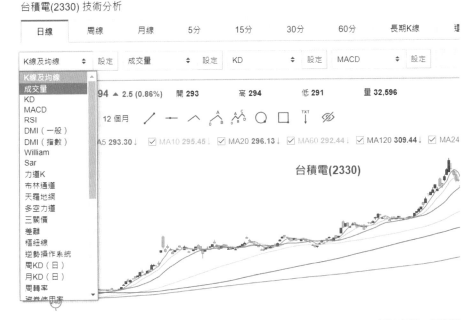

圖片來源：玩股網

圖 6-3-9 股價 K 線配合技術指標

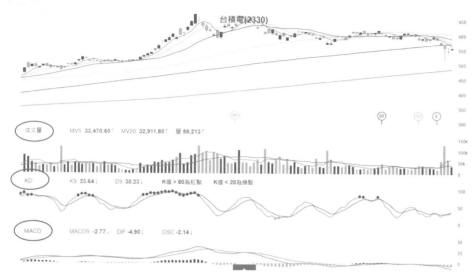

圖片來源：玩股網

〖 6-4 如何知道個股資金流向？ 〗

如果只分析基本面，不一定能找到最佳的入市機會。所謂「量先價行」，如果能了解大戶和散戶的資金流出或流入，就會知道該股正被大戶吃貨還是出貨，進一步判斷股價走勢是否持續或逆轉。

Step 1：回到香港阿思達克財經查詢個股「基本資料」畫面。

圖 6-4-1　查詢個股「基本資料」

港股報價　代號搜尋	即時報價	即時最近查詢報價	即時即市走勢圖	即時活躍股票	即時綜合理財投資組合	

00700 ▶

即時報價
即時最近查詢報價
即時即市走勢圖
即時活躍股票
即時綜合投資組合
即時技術投資分析

詳細報價(即時)
派息紀錄
基本圖表(即時)
圖表分析(即時)
互動圖表
股價走勢(即時)
相關窩輪報價
相關牛熊報價

騰訊控股 00700.HK (指數 | 分類)　　　最後更新：2018-05-10 16:09　更新

10/05 11:20 高盛料騰訊,(00700.HK)首季非通用會計準則純...　圖表分析

收市價		升跌	
406.200 ▾		↑ 11.600	
		升跌(%)	
		↑ 2.940%	
波幅	398.000 - 406.600		
成交量	3.11千萬股	市值	38,603.99億
成交金額	125.62億	每股盈利	9.109
市盈率(倍)	44.59	收益率	0.22%
每手股數	100	52週	249.200 - 476.600

一日 (五分鐘)　　AASTOCKS.com
406.10
402.10
398.10
394.10
09:30　12:00　16:00
最後更新 05/10/2018 16:00

最近查詢　　　　　　　　　　　更多>>

代號	現價	升跌	升跌(%)
00700.HK	406.200	+11.600	+2.940%
03996.HK	1.240	-0.300	-19.481%
01347.HK	19.480	+1.500	+8.343%
00884.HK	6.470	+0.200	+3.190%
02099.HK	16.560	+0.660	+4.151%

A股[2]:	N/A
相對股價(HKD)[2]:	N/A
溢價(%)[2]:	N/A
美國預託證券[2]:	TCEHY
相對股價(HKD)[2]:	397.096
溢價(%)[2]:	↑ 2.293

Step 2：選左欄的「資金流向」。

Step 3：進入畫面後，即可看到散戶與大戶在該個股及相關產業族群的資金流出及流入變化。

圖 6-4-2　個股資金走勢

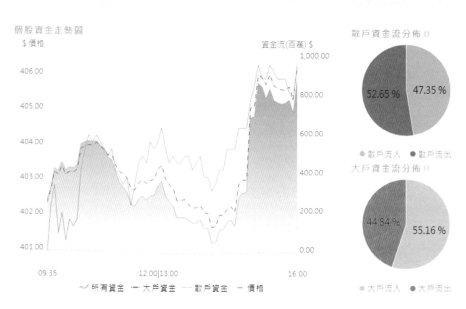

圖 6-4-3　同業資金走勢

同業資金流向 (電子商貿及互聯網服務 »)

	散戶投資者	大戶投資者	所有投資者
	金額	金額	金額
總流入	$115,335,976	$5,373,847,536	$6,082,913,393
總流出	$118,886,171	$4,260,120,674	$5,012,978,368
淨流入(+) / 流出(-)	-$3,550,195	+$1,113,726,862	+$1,069,935,025

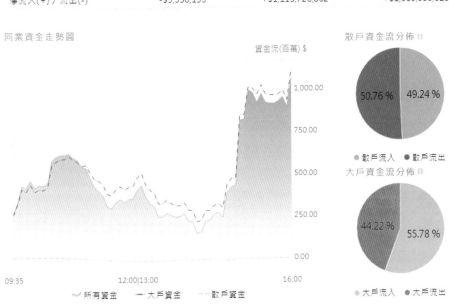

同業資金走勢圖

資金流(百萬) $

散戶資金流分佈

大戶資金流分佈

〖 6-5 找出當日熱門族群股 〗

　　買進熱門族群個股，是散戶常見的操作手法，因為人氣高的地方往往
成交量高，意味有大量資金流入，拉動股價上漲。如何找出當天漲幅、成
交量最大的熱門族群股票？以下介紹香港與台灣的查詢網站，讓讀者提早
得知主流資金正在流入哪個產業，即時做出投資部署。

香港

　　Step 1：輸入網址：www.etnet.com.hk/www/tc/stocks/。

圖 6-5-1　經濟通首頁

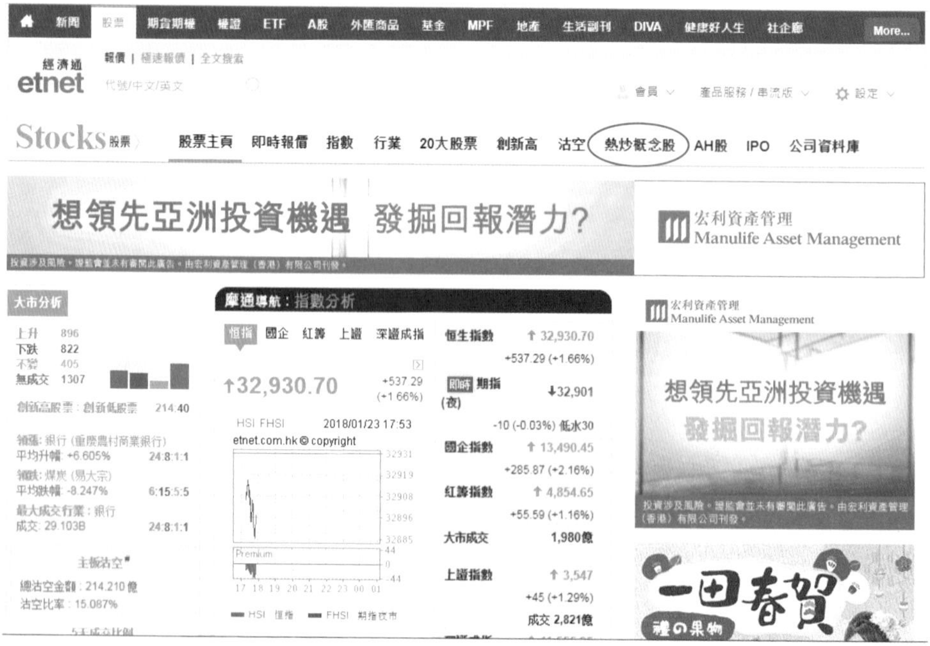

Step 2：按上欄的「熱炒概念股」。

Step 3：進入畫面，就會看到當日最熱門的產業族群及相關個股。

圖 6-5-2　當日熱門概念股

熱炒概念股 ｜ 概念板塊 ｜ 人氣股票 ｜ 房地產信託 ｜ 預託證券 ｜ 異動股

熱炒概念股

代號	名稱		按盤價	變動率▼	成交金額	市值	貨幣	周息率	市盈率	P/E Range
賭股有運行										
01128	永利澳門	↑	29.300	+6.159%	686.241M	143.410B	HKD	2.150	104.643	
00880	澳博控股	↑	8.650	+3.593%	308.853M	47.245B	HKD	2.665	20.998	
00200	新濠國際發展	↑	24.750	+3.556%	294.238M	36.714B	HKD	0.171	3.650	
00027	銀河娛樂	↑	67.050	+1.668%	877.854M	284.122B	HKD	0.881	45.485	
01928	金沙中國有限公司	↑	48.550	+1.357%	880.057M	386.765B	HKD	4.099	40.936	
01245	NIRAKU	↑	0.750	+1.351%	226,480	884.929M	HKD	0.267	25.947	
02282	美高梅中國	↑	24.800	+0.609%	467.140M	93.670B	HKD	1.113	31.000	
06889	DYNAM JAPAN	↑	11.420	+0.175%	2.890M	8.732B	HKD	7.268	13.278	
00102	凱升控股		0.900	0.000%	4.329M	1.340B	HKD	0.000	2,250.000	
00577	十三集團		0.390	0.000%	1.443M	359.138M	HKD	0.000		
01680	澳門勵駿		1.270	0.000%	10.429M	7.960B	HKD	0.000		
03918	金界控股	↓	6.430	-0.310%	24.866M	28.000B	HKD	3.496	10.424	
00070	金粵控股	↓	0.390	-2.500%	254,759	276.975M	HKD	0.000		
00487	睿德環球	↓	0.249	-4.231%	235,664	1.281B	HKD	0.000		
00959	奧瑪仕國際	↓	0.390	-4.878%	9.279M	334.367M	HKD	0.000		
蘋果股回升										
01661	智美體育	↑	1.170	+23.158%	72.246M	1.513B	HKD	3.829	15.993	
02283	東江集團控股	↑	5.180	+1.969%	3.146M	4.233B	HKD	2.896	20.720	
00763	中興通訊	↑	31.250	+1.461%	517.785M	23.269B	HKD	0.000		
01999	敏華控股	↑	8.340	+1.337%	122.435M	31.373B	HKD	3.237	18.273	
00698	通達集團	↑	1.960	+1.031%	37.422M	11.740B	HKD	2.449	11.200	
02038	富智康集團	↑	2.340	+0.862%	6.563M	18.777B	HKD	5.919	16.910	

台灣

Step 1：到玩股網首頁，點選「台股」→「股市行情」→「個股排行」。

圖 6-5-3　玩股網首頁

圖片來源：玩股網

Step 2：進入網頁後，就可查詢當日上市櫃市場漲幅、成交量最大的產業與相關個股。

圖 6-5-4　選擇想查詢的市場與產業

排名	代碼	股票	成交價	漲跌	漲跌%	周漲跌%	振幅%	最高	最低	成交量	成交值 (億)	周轉率%
1	2380	虹光	12.65	▲1.15	10	▼10.6	5.65	12.65	12.00	4,418	0.56	2.46
2	1732	毛寶	41.25	▲3.75	10	▲48.11	13.87	41.25	36.05	32,718	13.09	77.09
3	5269	祥碩	1100.00	▲100.00	10	▲2.33	2.5	1100.00	1075.00	780	8.55	1.13
4	6451	訊芯-KY	104.50	▲9.50	10	▼-2.79	2.11	104.50	102.50	865	0.9	0.81
5	6712	長聖	396.50	▲36.00	9.99	▲1.67	8.74	396.50	365.00	714	2.75	1.16
6	3362	先進光	78.20	▲7.10	9.99	0	1.83	78.20	76.90	2,174	1.69	1.65
7	4105	東洋	80.50	▲7.30	9.97	▲3.74	7.51	80.50	75.00	16,511	12.91	6.64
8	3086	華義	98.20	▲8.90	9.97	▼-16.78	5.49	98.20	93.30	65	0.06	0.34
9	1795	美時	75.10	▲6.80	9.96	▼0.53	3.22	75.10	72.90	1,389	1.04	0.53
10	4746	台耀	64.10	▲5.80	9.95	▲8.09	7.38	64.10	59.80	25,967	16.34	23.97
11	8021	尖點	37.65	▲3.40	9.93	▼-5.64	9.78	37.65	34.30	9,794	3.62	6.89
12	1455	集盛	21.05	▲1.90	9.92	▲12.87	7.05	21.05	19.70	93,932	19.57	17.67
13	6419	京晨科	18.85	▲1.70	9.91	▲14.24	0	18.85	18.85	167	0.03	1.27
14	4131	晶宇	7.10	▲0.64	9.91	▲15.82	2.17	7.10	6.96	90	0.01	0.19

圖片來源：玩股網

〖 6-6 新上市股票是否值得買進？ 〗

不少投資者都喜愛抽新上市股票操作短線，但無論是短線或長線投資，最好都先了解該新股的基本面，並與同業數據比較，就可知道該股是否值得買進。

Step 1：進入阿思達克財經，並把游標放於欄位的「市場動態」。

圖 6-6-1　查詢市場動態

Step 2：在市場動態彈出的方塊中，再按「新股頻道 IPO」。

圖 6-6-2　新股頻道 IPO

專業報價服務　　市場動態　　報價　　分析

市場動態

香港指數	公司派息
國際指數	公佈業績新聞
中國主要指數	業績公佈時間表
即時期貨	公司活動搜尋
活躍股票	新股頻道 IPO
行業分類表現	權益披露一覽表
香港指數成份股	A+H
所有國企股	預託證券 ADR
所有紅籌股	A+H+ADR
所有創業板股份	經濟日誌
公司通告	經濟數據庫
沽空研究	經濟數據圖表
大行報告	環球利率總覽

Step 3：在畫面的上半部，會看到將上市新股的各種資料，包括：「上市時間表」和「保薦人比較」，及「半新股」的股價表現比較。

圖 6-6-3　新股上市新聞

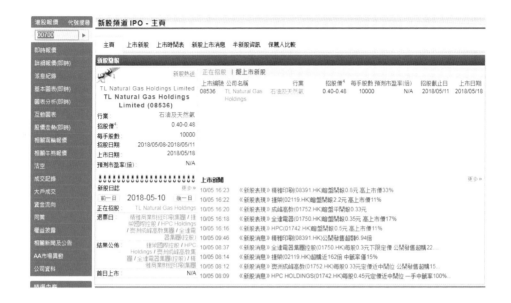

圖 6-6-4　新上市股表現

上市日期	上市編號	公司名稱	招股價	超額倍數	首日表現(%)[5]	現價[1]	今日表現(%)	累積表現(%)	相關資料
2018/05/09	08527.HK	聚利寶控股	0.500	9.8	+100.00%	1.580	+58.000%	+216.00%	
2018/05/04	01833.HK	平安好醫生	54.800	653.0	0.00%	56.150	+2.651%	+2.46%	
2018/05/04	08107.HK	威威國際控股	0.225	31.2	+77.78%	0.222	-4.721%	-1.33%	
2018/04/27	01671.HK	天保能源	1.900	1592.2	-5.79%	1.760	+12.102%	-7.37%	
2018/04/23	08151.HK	慕申控股	0.480	320.6	+6.25%	0.440	+1.149%	-8.33%	
2018/04/20	08511.HK	ZC TECH GP	0.650	69.1	-23.85%	0.425	+2.410%	-34.62%	
2018/04/18	01726.HK	HKE HOLDINGS	0.550	788.0	0.00%	0.520	0.000%	-5.45%	
2018/04/16	08241.HK	英記茶莊集團	0.540	675.6	+33.33%	0.530	+1.923%	-1.85%	
2018/04/16	08447.HK	MS CONCEPT	0.270	25.9	+1.85%	0.315	0.000%	+16.67%	
2018/04/16	08451.HK	日光控股	0.275	83.7	+3.64%	0.246	+1.653%	-10.55%	
2018/04/16	08507.HK	愛世紀集團	0.580	18.9	-15.52%	0.560	+9.804%	-3.45%	
2018/03/29	01735.HK	泓盈控股	1.500	742.9	+0.67%	1.480	-1.333%	-1.33%	
2018/03/29	08372.HK	君百延集團	0.335	252.4	+19.40%	0.218	-3.111%	-34.93%	
2018/03/28	01716.HK	毛記葵涌	1.200	6288.0	+431.67%	3.010	-1.634%	+150.83%	
2018/03/28	02116.HK	江蘇創新	1.250	225.4	-2.40%	0.720	+4.348%	-42.40%	
2018/03/28	08401.HK	源想集團	1.050	203.7	-15.24%	0.670	+1.515%	-36.19%	
2018/03/28	08448.HK	環球印館	0.230	306.6	-0.44%	0.138	0.000%	-40.00%	
2018/03/27	03997.HK	電訊首科	N/A	N/A	+0.41%	2.270	+4.128%	-7.35%	
2018/03/26	02779.HK	中國新華教育	3.260	31.8	0.00%	3.110	+1.634%	-4.60%	
2018/03/23	00807.HK	上海實業環境	N/A	N/A	-2.19%	2.480	+2.479%	-22.50%	

Step 4：選擇其中一檔新上市股，即可看到基本資料，包括：公司業務、招股價和招股日期、財務比率等。

圖 6-6-5　新上市股基本資料

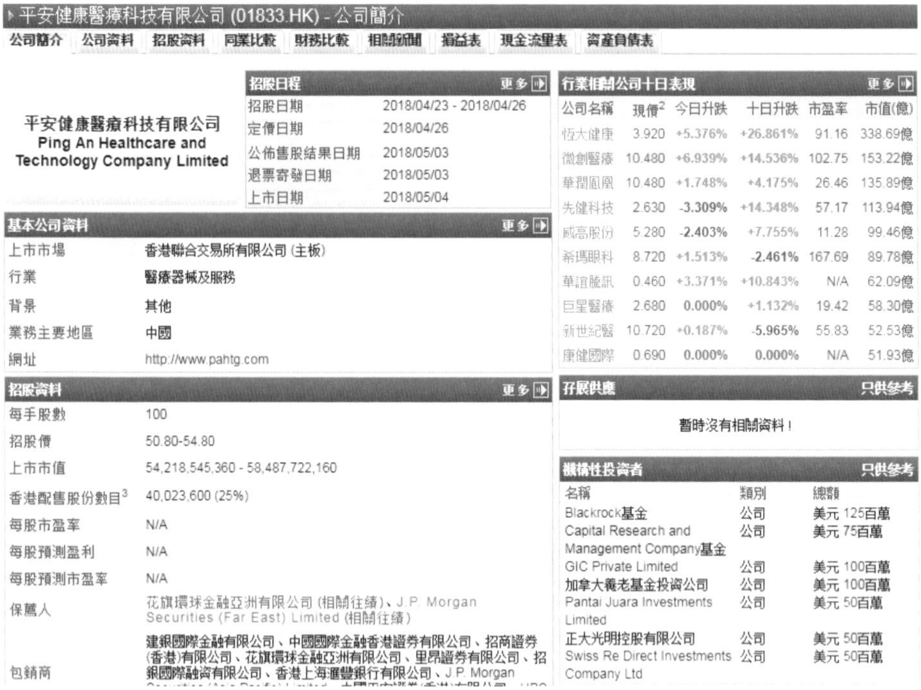

平安健康醫療科技有限公司 (01833.HK) - 公司簡介

公司簡介　公司資料　招股資料　同業比較　財務比較　相關新聞　損益表　現金流量表　資產負債表

平安健康醫療科技有限公司
Ping An Healthcare and Technology Company Limited

招股日程	更多
招股日期	2018/04/23 - 2018/04/26
定價日期	2018/04/26
公佈售股結果日期	2018/05/03
退票寄發日期	2018/05/03
上市日期	2018/05/04

基本公司資料	更多
上市市場	香港聯合交易所有限公司 (主板)
行業	醫療器械及服務
背景	其他
業務主要地區	中國
網址	http://www.pahtg.com

招股資料	更多
每手股數	100
招股價	50.80-54.80
上市市值	54,218,545,360 - 58,487,722,160
香港配售股份數目[3]	40,023,600 (25%)
每股市盈率	N/A
每股預測盈利	N/A
每股預測市盈率	N/A
保薦人	花旗環球金融亞洲有限公司 (相關往績)、J.P. Morgan Securities (Far East) Limited (相關往績)
包銷商	建銀國際金融有限公司、中國國際金融香港證券有限公司、招商證券(香港)有限公司、花旗環球金融亞洲有限公司、里昂證券有限公司、招銀國際融資有限公司、香港上海滙豐銀行有限公司、J.P. Morgan

行業相關公司十日表現　更多

公司名稱	現價[2]	今日升跌	十日升跌	市盈率	市值(億)
恒大健康	3.920	+5.376%	+26.861%	91.16	338.69億
微創醫療	10.480	+6.939%	+14.536%	102.75	153.22億
華潤鳳凰	10.480	+1.748%	+4.175%	26.46	135.89億
先健科技	2.630	-3.309%	+14.348%	57.17	113.94億
威高股份	5.280	-2.403%	+7.755%	11.28	99.46億
希瑪眼科	8.720	+1.513%	-2.461%	167.69	89.78億
華誼騰訊	0.460	+3.371%	+10.843%	N/A	62.09億
巨星醫療	2.680	0.000%	+1.132%	19.42	58.30億
新世紀醫	10.720	+0.187%	-5.965%	55.83	52.53億
康健國際	0.690	0.000%	0.000%	N/A	51.93億

孖展供應　只供參考

暫時沒有相關資料！

機構性投資者　只供參考

名稱	類別	總額
Blackrock基金	公司	美元 125百萬
Capital Research and Management Company基金	公司	美元 75百萬
GIC Private Limited	公司	美元 100百萬
加拿大養老基金投資公司	公司	美元 100百萬
Pantai Juara Investments Limited	公司	美元 50百萬
正大光明控股有限公司	公司	美元 50百萬
Swiss Re Direct Investments Company Ltd	公司	美元 50百萬

Step 5：再按欄中的「同業比較」或「財務比較」。

圖 6-6-6　與同業比較

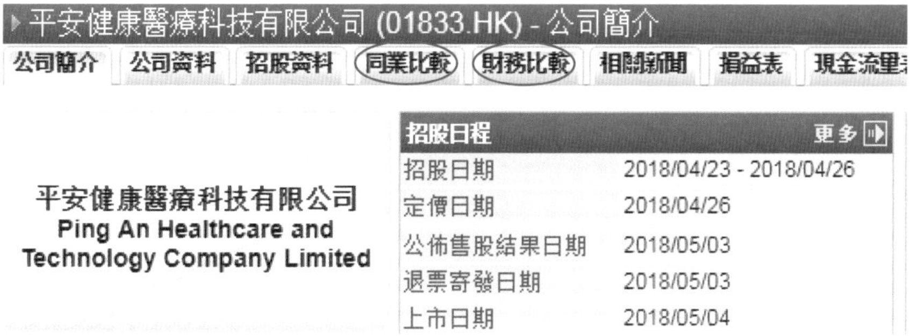

Step 6：在畫面中，可看到該新股與同業股票的各種數據比較。

圖 6-6-7　同業數據整體比較

平安好醫生 (01833.HK) - 同業比較 - 醫療器械及服務

公司簡介 | 公司資料 | 招股資料 | 同業比較 | 財務比較 | 相關新聞 | 損益表 | 現金流量表 | 資產負債表

同業比較 - 醫療器械及服務　醫療器械及服務

上市編號	公司名稱		現價[2]	今日升跌	十天升跌	市值	市盈率(倍)	市帳率(倍)	派息比率(%)	股東權益回報率(%)	經營利潤率(%)	總債項/股東權益(%)
01833.HK	**平安好醫生**		**56.150**	+2.651%	N/A	**599.28億**	**N/A**	**N/A**	**N/A**	**-24.83%**	**-53.34%**	**0.00%**
00708.HK	恆大健康	比較	**3.920**	+5.376%	+26.861%	338.69億	91.16	33.79	N/A	36.93%	48.20%	642.70%
00853.HK	微創醫療	比較	**10.480**	+6.939%	+14.536%	153.22億	102.75	4.87	24.510%	4.69%	10.77%	62.62%
01515.HK	華潤鳳凰醫療	比較	**10.480**	+1.748%	+4.175%	135.89億	26.46	2.07	27.778%	7.68%	29.52%	3.13%
01302.HK	先健科技	比較	**2.630**	-3.309%	+14.348%	113.94億	57.17	9.01	N/A	15.53%	46.98%	0.00%
01066.HK	威高股份	比較	**5.280**	-2.403%	+7.755%	99.46億	11.28	0.87	22.863%	12.97%	24.25%	6.76%
03309.HK	希瑪眼科	比較	**8.720**	+1.513%	-2.461%	89.78億	167.69	42.54	N/A	25.49%	18.97%	5.68%
00419.HK	華誼騰訊娛樂	比較	**0.460**	+3.371%	+10.843%	62.09億	N/A	7.08	N/A	-11.83%	-81.90%	0.00%
02393.HK	巨星醫療控股	比較	**2.680**	0.000%	+1.132%	58.30億	19.42	7.22	39.855%	37.15%	13.53%	258.67%
01518.HK	新世紀醫療	比較	**10.720**	+0.187%	-5.965%	52.53億	55.83	3.67	26.042%	6.16%	32.24%	0.00%
03886.HK	康健國際醫療	比較	**0.690**	0.000%	0.000%	51.93億	N/A	1.29	N/A	-2.67%	-8.05%	0.49%
01789.HK	愛康醫療	比較	**4.190**	+7.712%	+9.974%	43.47億	24.94	5.23	20.833%	15.78%	33.51%	0.00%
00383.HK	中國醫療網絡	比較	**0.280**	+5.660%	-3.448%	40.54億	N/A	2.07	N/A	-3.67%	-1.26%	94.76%
02138.HK	香港醫思醫療集團	比較	**3.650**	+1.955%	-0.815%	35.90億	17.38	4.60	97.143%	25.78%	25.35%	0.12%
01526.HK	瑞慈醫療	比較	**1.950**	+2.094%	0.000%	31.05億	N/A	2.87	N/A	-6.89%	-5.34%	65.91%
01696.HK	SISRAM MED	比較	**6.190**	+0.162%	-1.433%	27.37億	20.43	1.20	N/A	3.77%	11.56%	3.78%
03869.HK	弘和仁愛醫療	比較	**19.500**	0.000%	-1.416%	26.95億	N/A	1.48	N/A	-0.91%	25.31%	15.75%
00286.HK	同佳健康	比較	**0.850**	+1.190%	+6.250%	25.47億	850.00	3.33	N/A	0.19%	9.95%	39.37%
00801.HK	金衛醫療	比較	**0.850**	0.000%	-1.163%	24.79億	N/A	0.76	N/A	-4.43%	-135.33%	90.37%

後記感言

與書結下不解之緣

每件事的出現必有因果，天時、地利、人和，才能催生一幕幕恰到好處的劇情。

我自小就很喜歡看書，因為書本讓我跨越時空的限制，與不同的人進行交流，認識廣闊的世界與多樣化的觀點。然而，這不代表我喜歡讀學校的書，其實，我對香港的填鴨式教育是十分反感的。

在學生時代，我的興趣都不在主流的課本知識，當時的我一邊應付學校的課程，一邊私下鑽研自己的興趣（如星相、神秘學、哲學、天文……），要在現實與夢想之間取得平衡，確實有點吃力。尤其在準備大考的那幾年，眼見班上的同學為考取好成績奮鬥，我更加肯定自己跟他們不是同一類人。上大學後，與身邊環境格格不入的情況依舊，慶幸的是，我有更多時間去做自己喜歡的事。

然而，宇宙的主宰總是充滿奧妙——商科出身的我，機緣巧合下，來到關於書的出版界，兜兜轉轉，重回文字的懷抱，以愛好為業，我不禁驚嘆一句：「難道這是命運的安排？！」

多年來，我曾與無數位作家合作，出版過大大小小的圖書，萬萬想不到，自己也會有成為作家的一日。或許是機遇，或許是注定，對我來說，寫書是個很好的嘗試，亦是自己在出版界的里程碑。

藉此機會，我要感謝媽媽、爸爸、婆婆和妹妹一直以來的支持和關愛。摯親的養育之恩，沒齒難忘。沒有你們從小到大給我自由成長的空間，現在的我未必有足夠的能力和決心，排除

萬難，堅持去做應該做的事。即使面對世間的人情冷暖、不公不義，仍鼓勵我莫忘初衷，要保持一顆赤子之心，唯有無懼，才能表現出真正的自己。

我的人生路從來都不平坦，從校園到社會，遇過形形色色、千奇百怪的人，其中虛偽的人，往往比看起來像壞人的人更加危險。我曾在「劣幣逐良幣」的環境工作過，在「上樑不正下樑歪」的風氣下，總有人會利用手段、不斷欺壓別人往上爬；也有人因私欲而縱容惡勢力蔓延。要看清一個人的本性，往往不在安穩的環境，而是共患難的日子。

面對逆境，有人會選擇逃避、埋沒良知，甚至同流合汙；但這些經歷，讓我更確信要由自己開始，活出人性的光輝，照亮他人。即使只有你一人敢站出來，對抗無理的霸權、壓榨和虛假，仍要勇敢地開創出屬於自己的路——愈黑暗的地方，光明就愈重要，我就是這樣走過來的。

世事無常，正如天氣預測，有時會不如預期，但所謂的好壞得失，都是個人的主觀感受，簡單表象的背後，總隱藏著更深刻的意義。浪濤，往往由簡單的漣漪帶動；燎原，正是從小小的火苗開始。共勉之。

陳卓賢（Michael）

台灣廣廈 國際出版集團
Taiwan Mansion International Group

國家圖書館出版品預行編目（CIP）資料

專為初學者設計的股市致富系統：整合價值與趨勢的股票投資
系統入門書／陳卓賢 著，
-- 初版 .-- 新北市：財經傳訊, 2021.07
　面；　公分 .--（view;43）
ISBN 9789860619423（平裝）
1. 投票投資 2. 投資技術

563.52　　　　　　　　　　　　　　　　110007461

財經傳訊
TIME & MONEY

專為初學者設計的股市致富系統：
整合價值與趨勢的股票投資系統入門書

作　　　者／陳卓賢　　　編輯中心／第五編輯室
　　　　　　　　　　　　編 輯 長／方宗廉
　　　　　　　　　　　　封面設計／十六設計有限公司
　　　　　　　　　　　　製版・印刷・裝訂／東豪・弼聖・秉成

行企研發中心總監／陳冠蒨
媒體公關組／陳柔彣・綜合業務組／何欣穎

發 行 人／江媛珍
法 律 顧 問／第一國際法律事務所 余淑杏律師・北辰著作權事務所 蕭雄淋律師
出　　　版／台灣廣廈有聲圖書有限公司
　　　　　　　地址：新北市 235 中和區中山路二段 359 巷 7 號 2 樓
　　　　　　　電話：（886）2-2225-5777・傳真：（886）2-2225-8052

代理印務・全球總經銷／知遠文化事業有限公司
　　　　　　　地址：新北市 222 深坑區北深路三段 155 巷 25 號 5 樓
　　　　　　　電話：（886）2-2664-8800・傳真：（886）2-2664-8801
郵 政 劃 撥／劃撥帳號：18836722
　　　　　　　劃撥戶名：知遠文化事業有限公司（※ 單次購書金額未達 1000 元，請另付 70 元郵資。）

■ 出版日期：2021 年 7 月　　　　■ 初版 2 刷：2021 年 8 月
ISBN：9789860619423